KB134536

정치, 이렇게 하면 초일류 된다

정치, 이렇게 하면 초일류 된다

홍사성 지음

좌파 정부가 들어서면서 국민의 경제 생활은 어려움에 빠졌고, 정치는 대한민국의 안보를 해쳐서 국민의 생명과 자유를 위험에 빠트리게 만들었다. 그 근본적인 원인은 무엇이며, 또 해결 방안은 무엇인지 지난 수년 동안 진지하게 살펴보게 되었다. 이와 관련한 책과 자료들을 검토하면서 나의 생각을 정리해보았다.

무엇보다 한국의 정치를 일류 선진국 수준으로 끌어올리기 위해서는 그것을 앞서 이룩한 나라의 사례를 참고하는 것이 가장 효율적인 방안이라고 판단되었다. 나는 일류 정치의 표본을 미국에서 찾을 수 있었다. 미국은 어느 나라보다 빠르게 선진 정치의 제도적 방안을 마련했고 지금까지도 성공적으로 운영되고 있다는 판단이었다. 미국의 정치도 1800년대에는 매우 후진적이었다. 그러나 그들은 몇 가지 정치제도 개혁으로 자유민주주의의 선도적 국가가 되어 오늘날 경제적 번영까지 이루게 되었다. 선진국에서 활용되는 좋은 제도나 기술이 있으면 그것을 도입하는 것이 국가를 발전시키는 올바른 길이 될 것이다.

공화정 시대의 로마제국은 이웃 나라의 좋은 정치적 제도와 정책을 도입하는 데 적극적이었다. 그런 유연성이 로마를 세계 대제국으로 만들었다. 그리고 19세기 들어 일본이 서양의 선진 정치 및 경제 제도와 기술 들을 도입해 먼저 선진국에 진입했다.

미국은 삼권분립 정신에 입각한 헌법과 정치제도를 택하고 있는데, 왜 한국은 그처럼 선진 정치를 이루지 못할까?

국회의원 선거 때마다 불공정한 공천 등으로 나라 전체가 시끄럽다. 좌파 정부는 청와대의 선거 개입 불법 행위를 수사 방해하고, 기소를 막기 위해 부당한 검찰 인사를 단행하고, 대통령에 의해 임명된 대법원장은 판사 인사권을 이용해 집권당에 유리한 재판을 유도했다. 이에 국민은 정치를 외면하고 불신하는 지경에 이른 것이 사실이다.

좌파 정부는 나라 경제를 곤경에 빠트려 실업자를 양산했다. 최저임금 2년에 30% 인상, 집값을 2배로 상승시킨 경제 원칙을 무시한 부동산 정책, 현세대뿐만 아니라 미래세대까지 모두 감당하기 어려운 빚으로 충당한 마구잡이식 현금 살포, 현실을 철저히 무시한 탈원전정책, 한미 군사 훈련 축소 연기와 전시 작전권 회수와 종전 선언 등 국민의 안위를 위험 위험 속으로 내모는 한미 상호 방위 관계 약화 정책 등이 거침 없이 추진되었다. 과연 누구를 위한 정부의 무엇을 위한 정책인지 의심하지 않을 수 없다.

이렇게 국가와 국민이 위기에 직면하는데도 여당 국회의원 가운데 단 한 사람도 대통령의 정책에 반대하지 못하는 것이 한국의 정치 현실이다.

한국의 삼류 정치 행태는 좌파 정부 들어 더욱 악화되었음을 많은 국민은 지켜보았다. 이제 국민은 선거에서 '어느 정당이 잘살게 해줄 수 있나' 하는 것이 아니라 '어느 정당이 이 나라의 존립 자체를 지켜줄 것인가'를 두고 투표해야 하는 단계에 와 있다. 국민이 죽느냐 사느냐, 자유를 지키는가 빼앗기는가를 심각하게 걱정하는 대통령 선거는 역사상 처음이다.

왜 이런 한국의 퇴행적인 정치적 사태가 초래되었을까? 미국은 누가 대통령이 되어도 정치는 민주적으로 안정감 있게 잘 유지가 되고 있다.

한국의 정치제도가 삼류에 머무는 가장 큰 원인은 다음과 같다. 미국의 경우와는 사뭇 다른 점이기도 하다.

첫째, 국회의원 후보와 대통령 후보를 정당 조직에서 정한다. 둘째, 형사사건을 담당하는 검찰과 경찰의 우두머리를 대통령이 임명한다. 셋째, 대통령이 임명한 대법원장이 법원 판사의 인사권을 쥐고 있다.

이렇게 하여 한국의 대통령은 세계 어느 민주 국가의 대통령 또는 수상보다 강력한 제왕적 권력을 갖고 있다. 입법·사법·행정 모든 권력을 장악하여 대통령의 생각에 따라 나라가 좌지우지되는 것이다. 대통령의 권력을 제어해야 할 국회와 법원·검찰이 대통령 권력의 시녀 역할을 하고 있다. 국민은 대통령이 임기 동안 잘해주기만을 마음속으로 바랄 뿐 대통령을 제어할 방법이 없는 것이 현실이다.

미국의 경우도 1800년대 말까지는 정치가 사실 후진적이었다. 정당에는 파벌이 있어 하원의원·상원의원·대통령 후보도 파벌 간

정치, 이렇게 하면 초일류 된다

의 협의를 통해 결정되었다. 그러다가 1800년대 말에 들어 그 폐해를 줄이기 위한 시민운동이 크게 일어났다. 중요 공직자를 민선으로 하되 민선 공직자 후보를 정당 조직에서 공천하지 않고 지역 주민과 국민이 직접 선출하자는 움직임이었다. 1900년대 초부터 각 주의 선거법이 서서히 바뀌면서 오늘날의 민주적인 예비선거 제도와 중요 공직자 주민 직선 제도가 도입되었다. 이로써 미국의 정치는 크게 발전하는 전기를 마련했다. 아울러 대부분의 주에서 주지사가 임명하던 검사·판사·경찰서장·회계관·재무관 등을 주민이 직접 선출하게 해서 주지사의 권력을 줄여 민주적이고 공정한 법집행이 이루어지도록 했다.

이렇게 하여 미국은 선진적인 민주정치를 꽃피우게 되었고, 국민이 자유롭게 살아가는 나라가 될 수 있었다.

해방 후 우리나라는 미국의 삼권분립 권력 구조의 정치제도를 도입했다. 그러나 국회의원 및 대통령 후보의 국민 직선 예비선거 제도와 검사 및 판사의 국민 직선 제도를 도입하지 않은 것이 문제였다. 물론 당시 국민 수준이 후보 국민 직선 예비선거를 수행할 수 있을 정도에 이르지 못했을 수 있다.

그러나 지금 우리는 민주적인 정치 경험을 70년 이상 쌓아왔고 국민소득이나 교육 수준과 성숙도가 이미 선진국 기준에 도달해 있다. 이제 한국의 국민 수준에 걸맞는 선진 정치제도를 도입하여 후진적인 삼류 정치와 정치인을 일류 정치와 정치인으로 탈바꿈시켜야 할 때가 되었다. 정치가 선진화되지 않고서는 국민은 결코 자유롭고 평화로운 삶을 영위할 수 없으며 경제적으로도 풍요를 누릴 수 없다.

3부로 구성한 이 책은 정치 부분만이 아니라 내일의 한국을 짊어지고 가야 할 젊은이들에게 도움이 될 만한 이야기도 함께 엮었다. 유능한 사장과 중역이 되는 방법, 인간과 사회를 움직이는 몇 가지 원리와 원칙, 창의적이고 열성적인 자세이고자 애썼던 나의 경험들, 그리고 내가 모셨던 현대그룹 정주영 회장님과의 여러 에피소드들이 그것이다.

여러 해 전부터 나의 자식과 또 태어날 손주들에게 도움이 될 만한 사회 경험과 삶의 지혜 등을 글로 정리해왔다. 이제 그 이야기들을 독자 여러분과 함께 나누고자 한다. 이 책을 읽는 젊은이가 독서의 수고에 비해 훨씬 더 큰 이익이 생길 수 있게 되기길 바라는 마음이다.

나의 친형님이 6선의 홍사덕 전 국회의원이어서 정치에 많은 관심을 갖게 되었다. 그리고 현대건설에 입사하면서 현대그룹 정주영 회장님의 수행비서로 3년간 근무하고, 그 이후 지속적으로 정 회장님의 일에 관해 지시받고 보고함으로써 한국의 대표적인 최고경영자로부터 많은 것을 직접 보고 배울 수 있었다.

이 책은 분야별로 체계적인 내용을 갖춘 전문서적이 아니다. 독자들의 귀한 시간을 아껴 드리기 위해 되도록이면 간결하게 전달하고자 노력했다. 읽기 어려운 논문처럼 각주와 해설 같은 것은 따로 달지 않았다. 독자 여러분의 양해를 바란다.

정치, 이렇게 하면 초일류 된다

정치 부분에서 크게 참고가 된 책은 조지형 이화여대 사학과 교수의《헌법에 비친 역사》이다. 그리고 임재주 국회 사무처 수석 전문위원의《국회에서 바라본 미국 의회》, 미국정치연구회가 펴낸《미국 정부와 정치》, 나이젤 보울스와 로버트 맥마흔이 쓰고 김욱 배재대 정치언론안보학과 교수가 번역한《미국 정치와 정부》등도 많은 참고가 되었다.

아무쪼록 이 한 권의 책이 한국 정치와 우리 사회를 발전시키는 데 작은 보탬이나마 될 수 있기를 간절히 바란다.

나와 우리 가족의 삶에 항상 따뜻한 사랑과 용기를 주는 아내 박난선 씨에게 깊이 감사하며, 잘 성장하여 사회의 일익을 맡고 있는 두 아들 욱선과 의선, 그리고 예쁜 두 며느리에게도 고마움을 전한다. 또한 이 책이 나오기까지 여러 모로 애써주신 홍영사 편집부에도 감사의 인사를 올린다.

2021년 겨울
홍사성

2. 유능한 사원에서 중역까지 오르는 길

3. 경험보다 훌륭한 스승은 없다

1

선진 정치를 위한
제도 개혁 방안

문화와 예술과 경제는 일류를 향해 달려가는데,
정치만은 여전히 삼류의 미망 속을 헤매고 있다.
구태를 벗지 못하는 한국 정치의 현주소를 돌아보고,
일류로 가기 위해 우리가 꼭 갖추어야 할
정치적·사회적 의식과 제도의 내일을 내다본다.

한국의 선진 정치 문화를 위하여

좋은 법이 독재와 독단을 막는다

이 글을 쓰는 목적은 오늘날 한국의 국민 수준에 맞지 않는 후진적인 정치제도를 근본적으로 개혁하여 선진 정치를 이룩하는 데 있다. 이에 맞추어 자유롭고 부유한 한국을 만드는 장단기 청사진과 함께 그 실천 방안을 제시하고자 한다.

흔들린 법치주의와 국민의 고통

좌파 정부가 집권한 이후 많은 재난적 상황이 발생했다. 법치주의를 허무는 정치적·행정적 조치로 한국 국민의 자유와 경제를 위태롭게 했다.

대통령이 현 정권의 불법 여부를 수사하는 검사 조직을 해체하고, 불이익을 주는 검찰 인사를 통해 공정한 사법 행사를 방해하면서 급기야 검찰총장까지 징계하는 지경에 이르기도 했다. 이러한 사법 행사 방해 행위는 미국의 경우 대통령 탄핵 사유에 해당한다. 아마도 이 같은 일이 미국에서 일어났다면 대통령은 분명 탄핵되었을 것이다.

왜 그 같은 일이 한국에서 일어났으며, 그런 부당한 사태를 막을 방안은 없는 것인가? 아니다. 막을 방안은 있다. 검사를 국민 직선으로 정하면 그런 일이 일어날 수 없다. 미국에서는 주검찰을 지역 주민이 직접 선출하여 행정부가 검찰의 인사에 관여할 수 없도록 되어 있다. 따라서 행정부가 사법 방해에 나설 수 없다. 연방검찰은 상원의 동의를 받아 대통령이 임명하여 그 범위 안에서만 대통령이 영향을 미친다. 만일 대통령이 자신과 관련된 사건에 대해 수사하는 검사 조직을 해체한다면 탄핵 당하는 사유가 되어서 그렇게 하지 못한다.

우리나라에서 지방검찰청장을 지역 주민이 직선하여 검찰을 대통령의 인사권에서 독립시키면 대통령 자신과 정권 관계자를 수사한다고 해서 검찰 조직을 뒤흔드는 부당한 인사는 원천적으로 막을 수 있다.

월성원자력발전소의 불법적 조기 폐쇄, 울산시장 선거의 청와대 불법 개입, 김경수 전 경남지사의 불법 여론 조작 등 권력형 불법·탈법 행위는 검찰이 주민 직선으로 선출되었다면 원천적으로 일어날 수가 없는 사건들이다. 주민 직선 검찰은 권력형 불법 행위가 벌어지면 즉각 수사에 들어가 행정부의 간섭 없이 기소할 수 있기 때문에 그런 무모한 일을 저지를 사람은 나오지 않을 것이다. 문재인 정권 아래에서 일어난 위와 같은 불법적인 일들은 대통령이 검찰의 인사권을 쥐고 있어서 얼마든지 뒤를 봐줄 수 있다는 판단으로 행해진 사례들이다.

이러한 불요불급한 소동으로 정신적 고통을 겪는 것은 국민이다. 국가의 지도자는 나라의 경제 발전과 국방을 위해 모든 에너지를 한데 모아 국민의 행복을 지켜나가는 데 매진해야 마땅하다. 그러나 재임 기간 내내 밤낮없이 적폐 청산이라는 미명하의 정치 보복적인 행위에 몰두했다는 인상을 지울 수 없는 것은 매우 안타까운 일이다. 그 결과 국가 재정 적자는 급증했고, 전국의 부동산 가격은 유례 없이 폭등했다. 어설픈 남북 군사 합의로 국방력은 감소했고, 최저임금 급등으로 기업은 경쟁력을 잃고 실업 문제는 심화되었다. 이로 말미암아 국민은 마음 편하게 일상생활을 제대로 영위할 수 없을 정도로 고문당해온 것이 현실이다.

대통령의 제왕적인 권력을 견제할 법률적 장치

이러한 일은 앞으로도 계속 일어날 수 있는가? 결론부터 말하자면 언제든지 되풀이될 수 있다는 것이다. 이념을 앞세운 좌파가 정권을 잡고 무능한 대통령이 국민을 무시하는 정치를 일삼을 경우 국가의 위기는 지속적으로 반복되게 마련이다. 이는 우파 정권이라 해서 결코 예외가 될 수는 없다. 누구든지 법치주의를 허물고 불법과 탈법과 독단의 정치 행태를 일삼는다면 국가와 국민은 도탄에 빠지고 말 것이다.

그렇다면 대통령의 독재와 다수당의 독단이 국민의 뜻에 거스르는 입법 행위를 막을 방안은 없는 것일까?

헌법적 또는 법률적 제도 장치를 마련하면 당연히 막을 수 있다. 무능한 정부의 정책과 입법이 잘못된 것이라고 국민과 언론이 아무리 말해봐야 소용이 없다. 지금과 같은 헌법과 법률을 갖고 있는 한, 이를 고치려 들지 않는 한 앞으로 누가 대통령이 되더라도 마음만 먹으면 언제든지 위와 같은 일들이 발생할 수 있다. 대통령이 제왕적인 권력으로 국민을 무시하고 국민의 자유와 재산을 침해할 수 있는 현행 헌법과 법률을 바꾸어서 대통령이 국민의 뜻을 따르도록 바르게 만들어야만 이 문제는 해결된다.

정치, 이렇게 하면 초일류 된다

후진적 한국 정치의 근본 원인 네 가지

한국 정치가 삼류에 머무는 이유

한국 정치가 삼류에 머무는 근본적인 원인은 정치인에 있지 않고 다음과 같은 잘못된 네 가지 정치제도에 있다.

① 국회의원 후보와 대통령 후보를 정당 당원과 조직이 공천

국회의원 후보 공천을 소속 정당에서 하기 때문에 국회의원은 오로지 소속 정당의 계파 우두머리가 시키는 대로 따라야만 다음번 정당 공천을 받을 수 있어 국민을 위한 정치를 소신껏 펼치기 어렵게 되어 있다.

특히 여당 국회의원 후보는 당내 최대 계파이자 최고 권력자인 대통령의 정책이나 정치적 입장에 무조건적으로 따르게 되고 국민의 뜻은 뒷전으로 밀린다. 그리고 대통령 후보도 소속 정당 조직에서 정하기 때문에 본인이 최대 계파를 만들어 당내 경선에서 우위를 점해야 하고, 당원들의 요구에 맞는 공약을 내놓아 많은 표를 획득해야만 선출될 수 있다.

이러다 보면 여당의 대통령 후보가 되려는 사람은 당을 장악하고 있는 이들의 환심을 사기 위한 정책을 내놓게 된다. 좌파 정부의 경우 종북 세력에 편승하여 국민 다수가 이해하기 힘든 공약이 나오게 되는 것이다.

② 대통령의 입법부 장악

대통령은 여당 국회의원의 공천권을 쥐고 있으므로 실질적으로 다수 의석을 가진 국회를 장악하는 것과 다름없다. 여당 국회의원들이 지역 주민의 의사를 대변하지 못하고 대통령의 정책이나 행정을 무조건적으로 찬성하게 되는 이유가 거기에 있다.

국가의 권력은 마땅히 입법·사법·행정의 삼권으로 분리되어 서로 견제하게 해야 그 오남용을 막을 수 있다. 이러한 삼권분립주의는 국민의 권리와 자유를 보장하는 국가 조직의 기본 원리로서 민주주의의 근간이 된다. 대통령이 실질적으로 입법부와 사법부를 장악하여 행정부의 막강한 권력을 견제하지 못하면 진정한 민주주의는 결코 실현될 수 없다. 마침내 대통령이 국민의 뜻을 무시하고 패거리를 앞세워 전제군주처럼 국정을 행하게 되는 것이다.

③ 대통령이 검찰 인사권으로 기소권과 수사권 장악

대통령이 기소권과 수사권을 가진 검찰과 경찰의 인사권을 행사하는 것도 잘못된 제도이다. 이는 국민이 위법했을 때 재판을 받게 하거나 받지 않거나를 결정하는 대단히 중요한 권한이다. 이로 말미암아 검찰과 경찰이 집권당의 하수인이 되어 결국 공정한 법집행을 하지 못하고 법질서는 무너지고 만다.

④ 대통령이 대법원장 임명권으로 사법권 장악

대통령이 임명하는 대법원장이 판사들의 인사권을 행사하는 것이 큰 문제다. 결국 특정 사안에 대해 법원의 판사가 대통령과 집권당의 의도를 살펴서 재판을 할 수 있다.

또한 대통령이 대법원장의 제청으로 국회의 동의를 거쳐 대법관을 임명한다. 대법원장은 대법관 후보 추천위원 과반수 이상의 찬성으로 3배수 후보를 추천받아 그중에서 대통령에게 제청하고 대통령이 임명한다. 그런데 대법관 후보 추천위원회 10명 중 5명을 의사대로 임명할 수 있고, 그 5명 외에 법무부 장관과 자신을 포함하면 7명이 대통령의 영향하에 있다. 자연히 대법관의 임명에 대통령의 뜻을 반영하게 된다.

이 조항은 처음부터 존재했던 것이 아니다. 과거 유신헌법에 의해 기존에 있던 법관 추천위원회가 폐지되면서 대통령이 대법원장과 대법관을 임명하도록 바뀌었고, 현재의 헌법에 이르기까지 명문화하고 있다.

세계 어느 나라도 대법관을 대법원장의 제청으로 대통령이 임명하는 나라는 없고, 대법원장을 대통령이 임명하는 나라도 거의 없다. 현행 헌법의 대법원장과 대법관의 임명을 대통령이 장악하게 만든 조항은 삼권분립에 위배된다. 미국도 대통령이 대법원장을 임명한다는 이유를 들어 문제가 없다는 주장도 있다. 그러나 미국의 경우에는 여러 측면에서 우리와 상이하다. 미국 대법원은 사실상 우리의 헌법재판소와 같다. 미국의 대법관은 종신제로서 대통령 임기보다 길어 대통령에 의해 임명된 이후에는 대통령의 영향을 받지 않는다. 여야 양당의 정권 교대가 정례화된 미국에서 대법관 구성은 진보와 보수가 균형을 이루게 된다.

위에 언급한 것과 같이 한국 정치가 후진성을 벗어나지 못하는 네 가지의 근본적인 문제점은 반드시 바로잡아야 한다. 그러지 않고서는 삼류에 머물고 있는 한국의 정치 풍토를 일류의 선진 정치 문화로 바꾸기 어렵다.

우리 국민의 교육·도덕·준법 수준은 이미 선진국 대열에 올라 있다. 어느 지역, 어느 동네를 가더라도 깔끔하게 잘 정비되어 있는 느낌을 받는다. 몰지각한 일부를 제외하고는 쓰레기 하나 함부로 버리지 않는다. 아마 세계 최고 수준급의 깨끗한 나라일 것이다. 가방을 놓아두고 자리를 비웠다가 몇 시간 뒤 돌아와도 거기 그대로 놓여 있기 일쑤다. 지갑을 떨어트리고 가면 뒤에서 본 사람이 주워서 돌려준다. 외국인들의 눈에는 이런 사실이 신기한지 한국 사람의 도덕성을 테스트하는 동영상을 유튜브에 많이 올려놓고 있다. 그들은 이구동성으로 자기들 나라에서는 상상할 수 없는 일이라고 놀라워한다.

이처럼 우리 국민은 뛰어난 도덕성과 준법정신을 지니고 있는 것이 사실이다. 한국 정치인들도 분명 우리나라 국민이다. 그런데 왜 유독 정치인들의 수준만 삼류에 머물고 있을까? 그 이유는 진정 무엇일까?

우수한 정치인들도 삼류가 되고 마는 이유

한국의 정치인들이 처음 정치에 입문할 때는 대개 청운의 뜻을 품고 들어온다. 국민을 위해 봉사하여 국민으로부터 존경을 받고 자기 이름을 빛내보겠다는 생각으로 정치 인생을 시작한다. 그러나 막상 정계에 들어와서 일을 해보면 현실의 큰 장벽에 부딪쳐 심각한 딜레마에 빠진다.

국민을 대표하는 국회의원인데도 자신의 생각을 정당 내에서 자유롭게 말할 수 없다. 정당의 정책이나 법안에 대해 자신을 선출한 선거구 주민들의 의사대로 찬반을 논할 수도 없다. 무조건적으로 당론에 따르지 않으면 다음번 공천을 받기 어렵다는 것을 알게 된다. 그리고 자신이 당내 어느 계파에 붙어서 그 보스에게 충성해야 그의 도움을 받아 다시 공천을 받게 되는지 깨닫는다. 그런 엄연한 현실을 절감해 때로는 좌절하지만, 정치 생명을 연장하기 위해서는 스스로 변명하면서 적당히 타협하고 만다.

더불어민주당 국회의원 가운데 탈원전 정책과 최저임금 급인상 정책에 반대한 사람은 없었다. 고위공직자범죄수사처 법안의 경우 반대표를 던진 것도 아니고 기권한 금태섭 의원은 당에서 징계를 받은 뒤 결국 공천을 받지 못했다.

만약 거대 여당의 국회의원 가운데 일부라도 주요 사안에 대해 소신 발언을 하고 반대할 수 있는 제도가 뒷받침된다면 대통령은 야당의 의견과 국익을 거스르는 정책을 함부로 강행할 수 없을 것이다. 대통령이 추진하는 정책이나 법안에 이의라도 달게 되면 다음 공천을 받을 수 없기 때문에 침묵하고 만다.

이 같은 현실에서 정당 우두머리의 범주에서 벗어나 국민과 지역구 주민의 의사를 대변할 수 있는 국회의원은 나오기 어렵다. 소신을 갖춘 비판적 정치인은 살아남을 수 없는 것이 오늘날 한국 정치의 현주소다. 후진성을 면치 못하는 이러한 제도적 환경이 우수한 정치인들조차 삼류로 만들어버린다.

선진 정치를 위한 정치제도 개혁 네 가지

정치제도 개혁으로 초일류 대한민국을 재창조

무릇 어떤 일이 일어날 때 그에 영향을 미치는 원인은 수백 가지가 될 수 있다. 그러나 그 원인의 무게를 따져보면 대개 상위 1위에서 4위까지가 80% 이상을 차지한다. 따라서 효율적으로 실효성 있게 그 문제를 해결하려면 상위 80%의 무게를 갖는 1위에서 4위까지의 원인을 집중적으로 분석해 처리하면 나머지 요소들은 자연스레 풀린다.

앞서 언급한 후진적 한국 정치의 근본 원인 네 가지를 해결하면 우리도 선진 정치를 이룩할 수 있다. 80%의 무게를 가진 나무줄기를 내버려두고서 나머지 곁가지 원인들을 붙들고 씨름해봐야 결코 문제는 풀리지 않는다.

이제 우리 국민은 대한민국 건국 이후 수십 년에 걸친 위대한 노력으로 경제 기적을 이루어 자유민주주의 국가를 운영해나갈 수 있는 자질과 역량을 갖추었다. 그러나 헌법과 법률적인 제도의 후진성 때문에 정당하게 누려야 할 정치적·경제적·개인적 자유와 혜택을 침해당하고 있다. 일류 국민은 그에 따른 자긍심을 누리지 못하고 무력감에 빠져 있는 것이 오늘의 현실이다.

우리 국민이 후진적 정치로부터 일거에 벗어나는 길은 70여 년 전에 만들어지고 1987년에 개정된 현재의 헌법을 재정립하는 일이다. 그 시대에는 적합했을 것이나 세상이 많이 바뀐 지금도 과연 유효한지 꼼꼼히 짚어보고 따져보아야 한다. 예전과는 비교할 수도 없는 국가의 경제적 능력, 높은 교육 수준과 시민 의식을 갖춘 현 세대에게는 맞지 않을 수 있다.

이제 선진화된 한국 국민에게 맞는 헌법과 법률을 만들어 위대한 초일류 대한민국을 재창조해나가야 한다. 서로 반목하고 시기하는 저급한 풍토는 지양하고, 모든 세대가 두루 어울리며 잘살 수 있는 토양을 마련하는 것이 급선무라 하겠다.

① 국회의원 후보 국민 직선제와 국민을 위하는 정치인

국회의원 후보를 당원이 아닌 국민이 직접 선출하는 후보 국민 직선제, 즉 오픈프라이머리open primary를 도입할 필요가 있다. 파벌 계파와 소수 이익단체들이 당을 장악하여 국민의 의사를 무시하는 패거리 정치는 이제 그만 청산되어야 한다. 국회가 국민 전체를 위한 정치를 펼칠 수 있도록 제도적 장치를 갖추는 일이 무엇보다 시급하다.

　국회의원 후보 국민 직선제는 계파 보스가 국회의원 후보를 낙점하는 낡은 폐습에 대한 바람직한 대안이다. 국민이 직접 후보를 선출하게 해서 계파 보스의 힘을 약화시키면 적어도 지금처럼 정치가 권력자에 휘둘리는 부조리는 막을 수 있다. 계파 보스의 사주를 받는 소수의 극렬 당원이 장악한 정당에서 공천이 이루어지는 일은 사라져야 한다. 지역구 주민뿐만 아니라 국민 전체의 이익을 위해 봉사하는 정치인이 나와야 정치 선진화를 이룰 수 있다.

　오픈프라이머리, 즉 후보 국민 직선제는 선거구 주민이 당적에 관계 없이 공직자 후보를 뽑는 예비선거를 말한다. 미국은 이미 오래전부터 이 제도를 실시하고 있는데, 그 배경에 대해 잠시 살펴보기로 한다.

미국에서 오픈프라이머리가 도입된 이유

　미국에서도 1800년대 후반까지 우리나라에서 벌어지고 있는 파벌 정치가 횡행했다. 후보 공천이 당내 절차에 의해 이루어지다보니 결국은 힘 있는 보스의 영향력이 절대적이었다. 그에 따라 파벌 정치가 만연할 수밖에 없었다. 당시 미국에서는 계파 실력자들이 술집에 모여서 대통령 후보를 정하기도 했다.

　1800년대 후반부터 정당 공천이 민주주의 원칙에 위배되어 고쳐져야 한다는 시민운동이 일어났다. 정당 당원의 수가 전 국민의 1~2%밖에 되지 않는데, 정당에서 후보 공천을 한다는 것은 1~2%

의 사람들이 정한 후보 중에서 98~99%의 시민들이 뽑아야 하는 문제가 지적되었다. 이는 극소수인 1~2% 국민이 98~99% 국민을 지배하는 비민주적인 제도라는 반론이 거세게 일었다. 이런 정당 공천 제도로 국민 전체의 의사가 국회에 반영되지 않고, 오직 당파적인 이익만이 국회에 반영된다는 주장이 설득력을 얻었던 것이다.

1900년대 초에 이르러 이 문제를 해결하기 위해 당이 후보를 공천하는 제도를 버리고 국민이 직접 후보를 공천하는 제도, 즉 오픈프라이머리를 도입했다. 이 후보 국민 직선 예비선거 제도는 일시에 파벌 정치의 폐단를 없애고 국가와 국민을 위한 민주정치가 자리잡게 했다. 미국에는 주법에 선거 관련 규정이 있다. 후보 예비선거 제도에는 코커스caucus와 클로즈드closed 등이 있으나 개방형인 오픈프라이머리가 우리 실정에 잘 맞고 미국에서도 가장 많이 채택하고 있는 방식이다. 이에 따라 오픈프라이머리를 중심으로 후보 예비선거 제도에 대해 살펴보기로 한다.

미국은 대통령이 상원의원이나 하원의원 후보 공천에 개입하는 방법이 없어 한국처럼 대통령의 입법부 장악은 불가능하다.

미국에서는 상원·하원 의원 선거에 나갈 사람은 주 선거법상 후보 결격 사유가 없는 한 누구든지 일정한 지역 주민의 추천을 받아 주선거관리위원회에 가서 후보 등록을 신청하면 후보 예비선거에 출마할 수 있다. 중앙당에 가서 후보 등록 신청을 하지 않는다. 따라서 당내 계파 보스들에 의한 공천 자체가 불가능하기 때문에 파벌 정치가 아예 성립될 수 없다.

정치, 이렇게 하면 초일류 된다

미국의 오픈프라이머리에 대하여

미국에서는 오픈프라이머리 제도를 통해 거의 모든 선출직 공직자의 정당 후보를 국민이 직접 선출한다. 대통령·상원의원·하원의원·주지사·시장·주 검찰총장·카운티 검찰총장·주 대법원 판사·카운티 판사·주 회계관·주 재무관·시 회계관·시 재무관·자치단체 교육감·자치단체 의원·자치단체 경찰서장 등의 후보를 정당별[partisan election]로 뽑는다.

예를 들면 주 하원의원이 되고자 하는 사람은 일정 수의 유권자 추천을 받아 주 선거관리위원회에 정당 후보로 등록한다. 주 선관위는 각 당 후보로 등록한 사람들을 예비선거 투표 용지에 인쇄하여 예비선거날 투표자에게 교부한다. 투표자는 당별 공직자 종류별로 된 후보자 리스트에서 1명씩 투표한다.

이 후보 예비선거에서 정당별로 가장 많은 표를 얻은 사람이 이어서 행해질 본선거에 출마해 자기가 원하는 공직을 두고 경쟁하게 된다. 본선거에서 승리하는 사람이 선출직 공직자로 확정된다.

이와 같이 후보 결정이 당 조직과는 무관하게 이루어져서 파벌 보스의 공천은 불가능하다. 또한 이익단체나 이념적 조직에 의해 장악된 정당 조직이 전혀 힘을 쓸 수 없다. 따라서 국민 다수의 의사와 동떨어진, 정당에 의해 국회의원과 대통령 후보가 결정되는 비민주적인 정치 행위는 일어나지 않는다. 국민을 위한 정치가 실현되어 나라가 안정되는 것이다.

참고로 미국의 투표지를 살펴보자. [자료 1]은 2018년 8월 14일의 미네소타주 세인트루이스카운티의 투표지이다. 공화당 후보에

State Primary Ballot
Saint Louis County, Minnesota
August 14, 2018

Instructions to Voters:
To vote, completely fill in the oval(s) next to your choice(s) like this: ●

This is a partisan primary ballot. You are permitted to vote for candidates of one political party only.

Republican Party

Federal Offices

U.S. Senator
For term expiring January 3, 2025
Vote for One

○ Jim Newberger
January 3, 2025
○ Merrill Anderson
January 3, 2025
○ Roque "Rocky" De La Fuente
January 3, 2025
○ Rae Hart Anderson
January 3, 2025

U.S. Senator
Special Election for term expiring
January 3, 2021
Vote for One

○ Karin Housley
January 3, 2021
○ Nikolay Nikolayevich Bey
January 3, 2021
○ Bob Anderson
January 3, 2021

U.S. Representative
District 8
Vote for One

○ Harry Robb Welty
○ Pete Stauber

State Offices

Governor and Lieutenant Governor
Vote for One Team

○ Tim Pawlenty and
Michelle Fischbach
○ Mathew (Matt) Kruse and
Theresa Loeffler
○ Jeff Johnson and
Donna Bergstrom

Attorney General
Vote for One

○ Sharon Anderson
○ Doug Wardlow
○ Robert Lessard

Do not vote for candidates of more than one party.

Democratic-Farmer-Labor Party

Federal Offices

U.S. Senator
For term expiring January 3, 2025
Vote for One

○ Stephen A. Emery
January 3, 2025
○ Amy Klobuchar
January 3, 2025
○ David Robert Groves
January 3, 2025
○ Leonard J. Richards
January 3, 2025
○ Steve Carlson
January 3, 2025

U.S. Senator
Special Election for term expiring
January 3, 2021
Vote for One

○ Nick Leonard
January 3, 2021
○ Richard W. Painter
January 3, 2021
○ Ali Chehem Ali
January 3, 2021
○ Christopher Lovell Seymore Sr.
January 3, 2021
○ Gregg A. Iverson
January 3, 2021
○ Tina Smith
January 3, 2021

U.S. Representative
District 8
Vote for One

○ Joe Radinovich
○ Soren Christian Sorensen
○ Kirsten Kennedy
○ Michelle D. Lee
○ Jason Metsa

State Offices

Governor and Lieutenant Governor
Vote for One Team

○ Lori Swanson and
Rick Nolan
○ Tim Walz and
Peggy Flanagan
○ Tim Holden and
James P. Mellin II
○ Olé Savior and
Chris Edman
○ Erin Murphy and
Erin Maye-Quade

Attorney General
Vote for One

○ Debra Hilstrom
○ Matt Pelikan
○ Tom Foley
○ Keith Ellison
○ Mike Rothman

PURSUANT TO KRS 424.290, "MATTERS REQUIRED TO BE PUBLISHED," THE FOLLOWING RACES WILL APPEAR ON THE VOTING MACHINES AND PAPER BALLOTS IN THE PRECINCTS LISTED IN EDMONSON COUNTY FOR THE PRIMARY ELECTION, MAY 21, 2019.

REPUBLICAN PARTY PRIMARY ELECTION

2nd Congressional District

GOVERNOR and LIEUTENANT GOVERNOR (Vote for One)
- Robert GOFORTH / Michael T. HOGAN
- Ike LAWRENCE / James Anthony ROSE
- William E. WOODS / Justin B. MILLER
- Matthew G. BEVIN / Ralph A. ALVARADO

SECRETARY of STATE (Vote for One)
- Andrew ENGLISH
- Stephen L. KNIPPER
- Carl NETT
- Michael G. ADAMS

ATTORNEY GENERAL (Vote for One)
- Wil SCHRODER
- Daniel CAMERON

COMMISSIONER of AGRICULTURE (Vote for One)
- Ryan F. QUARLES
- Bill POLYNIAK

ALL PRECINCTS

DEMOCRATIC PARTY PRIMARY ELECTION

2nd Congressional District

GOVERNOR and LIEUTENANT GOVERNOR (Vote for One)
- Andy BESHEAR / Jacqueline COLEMAN
- Adam H. EDELEN / Gill HOLLAND
- Geoffrey M. "Geoff" YOUNG / Joshua N. "Josh" FRENCH
- Rocky ADKINS / Stephanie HORNE

SECRETARY of STATE (Vote for One)
- Jason GRIFFITH
- Heather French HENRY
- Geoff SEBESTA
- Jason S. BELCHER

AUDITOR of PUBLIC ACCOUNTS (Vote for One)
- Drew CURTIS *
- Sheri DONAHUE
- Chris TOBE
- Kelsey Hayes COOTS

STATE TREASURER (Vote for One)
- Josh MERS
- Michael BOWMAN

COMMISSIONER of AGRICULTURE (Vote for One)
- Joe TRIGG
- Robert Haley CONWAY

ALL PRECINCTS

*This candidate has withdrawn. All votes cast for this candidate will not be counted.

출마한 공직자 후보 리스트가 왼쪽에 적혀 있다. 상원의원 2명, 연방 하원의원 1명, 주지사·부지사 런닝메이트 2명. 주 검찰총장 1명의 정당별 후보를 뽑는 투표지이다. [자료 2]는 2019년 5월 21일에 치른 에드몬손카운티의 투표지이다.

국회의원 후보를 당원이 아닌 국민이 직접 선출하는 후보 국민 직선제는 한국 정치가 성숙시키는 역할을 하게 될 것이다. 당내 조직에서 후보 공천을 하지 못하기 때문에 소수의 극좌 또는 극우 당원이 당을 장악하는 일도 일어나지 않는다. 정당의 후보를 다수 국민의 의사와 어긋나게 뽑을 수 없다. 이에 따라 선출된 정치인은 소신을 가지고 국민을 위해 일할 수 있게 되었다. 정당의 조직은 원내대표[floor leader]와 상임위원장 중심으로 국회가 운영된다. 당대표나 사무총장, 그리고 대규모의 당사무국이나 중앙당 사무실 같은 당내 파벌을 조장하는 기구도 없다.

당원 후보 공천은 소수에 의한 비민주적인 제도

정당의 당원이 후보를 공천하는 것은 1~2%에 지나지 않는 소수 국민이 98~99%에 해당하는 다수 국민을 지배하게 되는 비민주적인 절차다.

정당의 당원들이 후보를 공천한다는 것은 지역 주민 중 극히 소수의 사람이 후보를 결정하고, 나머지 대다수의 사람이 그중에서 선택하게 하는 매우 비합리적인 제도라 할 수 있다. 정당 조직이 공천하는 제도는 국민에 의한 정치가 아니라 정당에 의한 지배로 추락한다. 그리고 정당은 국민의 의사를 추스리고 통합하여 정책에 반영하는 존재가 아니라 국민의 의사를 왜곡하고 파편화하며 무시하는 관리 기구로 변질한다.

앞에서 잠깐 언급했듯이, 수치를 들어 다시 말하자면 이렇다.

진성 정당 당원은 국민 중 1~2%에 불과하다. 이 1~2%의 당원이 98~99%에 이르는 일반 시민들에게 자신들이 골라놓은 후보 중에서 국회의원을 뽑으라는 식이다. 1~2% 시민의 의사가 98~99% 시민의 의사를 지배하게 되는 제도는 결코 민주적이라 할 수 없다.

그뿐만이 아니다. 한 지역구의 당원이 2000~3000명의 적은 수라면 특정인에 매수되거나 개인적인 이해관계로 공정한 투표가 이루어지지 않을 가능성이 높다. 또한 생업이나 기타의 이유로 책임당원이 되지 못한 국민이 정치적 대표를 뽑는 데 심각한 소외를 일으키는 정당 공천 제도는 비민주적일 수밖에 없다.

우리나라 정당 후보 공천의 현실과 문제

우리나라 정당에서 후보 공천 시 일반 국민을 대상으로 하는 여론조사나 직접투표로 개인의 의사를 부분적으로 반영하는 수도 있다. 그러나 실제 당락은 당 조직과 당원들의 의사가 결정적인 역할을 하게 된다. 결국 국민 다수의 의사와는 거리가 먼 방식으로 공천이 되고 마는 것이다.

더불어민주당의 경우를 보자. 당헌과 당규상 '지역구 국회의원 선거 후보자는 중앙당 공천관리위원회가 심사하여 선정 2명 이상으로 하고 경선 방법을 마련한다. 단, 당규로 정하는 사유가 있는 때에는 그 사유를 명시하여 단수로 선정할 수 있다'라고 해서 당에서 특정 후보를 넣거나 뺄 수 있게 되어 있다.

또한 '선거 전략상 특별히 고려가 필요한 선거구(후보자를 포함한다)를 선정하기 위하여 중앙당 전략공천관리위원회(이하 본 조에서 '전략공천위원회'라 한다)를 최고위원회의 의결로 설치한다. 전략공천위원회는 전략 선거구(후보자를 포함한다)를 심사하여 그 결과를 당대표에게 보고한다. 당대표는 제1항부터 제3항에도 불구하고 전략공천위원회의 심사 결과에 기초하여 전체 선거구 수의 100분의 20 범위 내에서 선거 전략상 특별히 고려가 필요한 선거구(후보자를 포함한다)를 선정하여 최고위원회의 의결과 당무위원회의 인준으로 추천을 확정할 수 있다. 전략공천위원회의 구성과 운영 및 기타 필요한 사항은 당규로 정한다'라고 되어 있어 전략공천 선거구를 전체 선거구 100분의 20 범위 내에서 선정할 수 있고, 특정 후보를 단수 추천할 수 있다. 선거구를 전략 선거구로 선정하여 특정 후보를 넣거나 뺄 수 있게 되어 있다.

결국 국회의원이 되고자 하는 경우 현직 국회의원이든 새로 국회의원이 되고자 하는 사람이든 당의 최고 권력자에 따르지 않으면, 그리고 당내 주요 세력 계파에 따르지 않으면 공천을 받기 어렵게 당헌과 당규가 규정하고 있는 것이다.

예컨대 박근혜 대통령 때 국회의원 후보 공천 시 전략 공천 비율은 매우 높았다. 이는 당내 계파가 공천을 결정하고 지역 주민들의 의사는 전혀 반영되지 못했다는 것을 의미한다.

더불어민주당에서도 투표를 통해 시민들의 의사를 반영한다고는 하나 모바일 투표에 참여하는 사람의 대부분은 당원들의 요청에 의해 등록되는 것이 현실이다. 따라서 결국은 당원들의 영향하에 일부 시민의 의사가 반영되는 식이어서 다수의 의사는 극히 제한적으로 반영될 수밖에 없다.

정치, 이렇게 하면 초일류 된다

국회의원 후보 국민 직선으로 대통령과 파벌 보스 독단 방지

국회의원 후보를 국민이 직접 뽑는 제도는 정치 선진화를 위한 디딤돌이 된다. 집권당의 국회의원은 당내 최대 계파의 우두머리인 대통령의 공천권 때문에 대통령이 고려하는 모든 정책이나 법안에 무조건적으로 맹종할 수밖에 없다. 이제는 대통령의 독단에 의해 나라의 질서와 경제가 파탄나는 일은 지양되어야 한다. 국민 다수의 의사를 국정과 입법에 반영하고, 대통령에게 집중된 행정 권력을 국민이 통제할 수 있을 때 우리 정치도 비로소 일류의 대열에 올라서게 될 것이다.

대통령을 중심으로 하는 파벌 보스의 차기 후보 공천 여부 때문에 집권당 국회의원이 하수인 노릇을 하는 구태는 하루빨리 벗어나야 한다. 이제는 대통령이 하는 일에 한 목소리로 찬성만 하는 지겹고 역겨운 꼭두각시적인 모습에서 탈피해야 한다. 그리고 야당 의원들도 파벌 보스의 차기 후보 지명에 묶여서 무기력한 의정 활동을 보여서는 안 된다.

최저임금을 3년에 30% 가까이 올려 중소 상공인들이 아우성을 치며 가게와 공장의 문을 닫고, 수많은 실업자가 발생해도 여당 의원들 중 한 명도 이의를 제기하지 못하는 이유가 바로 거기에 있다. 그랬다가는 다음번 공천을 받을 수 없기 때문이다.

만약 국회의원 후보 공천을 정당에서 하지 않고 국민이 직접 한다면 여당의 여러 의원들이 지역 주민의 여론이 무서워서라도 함부로 할 수 없다. 지역 주민의 소리에 귀기울이고 국회에서 떳떳이 반대를 의사를 분명히 밝힐 수 있을 것이다. 그런 제도가 정착이 되면 당내 최대 실권자인 대통령이 독단의 정책으로 국가의 질서를 뒤흔들고 경제를 망치며 수많은 실업자를 만들어내는 정책을 실행할 수는 없을 것이다.

탈원전 정책, 9·19남북군사합의, 사드THAAD 배치, 대일 정책, 고위공직자범죄수사처 신설, 종전 선언 같은 국가적 주요 사안의 경우도 마찬가지다.

개인의 행복은 국민의 행복이자 국가의 행복

국민이 총선을 통해 50%에 가까운 초선 의원을 뽑아 국회에 들여보내도 정치가 새로워지지 않는다. 이는 참신하기를 바라며 정치 신인을 국회의원으로 만들어놓아도 그들마저 다음 공천을 생각해야 정치 생명을 이어갈 수 있기에 대통령 또는 파벌 보스의 지휘에 무조건적으로 따르고 만다. 새로 국회에 들어간 초선 의원도 바로 기존 정치 세력의 일부로 동화하는 악순환이 거듭된다. 국회의원 후보를 국민 직선으로 가리도록 제도를 바꾸어야만 국민을 위한 참된 정치인이 국회를 채울 것이다.

정치인이 파벌 정치에 가담해야만 국회의원 후보 또는 대통령 후보가 되는 제도하에서 파벌 정치를 하지 말라고 요구하는 것은 모순이다. 검사가 대통령이 원하는 대로 조사와 기소에 임해야만 살아남는 제도를 놓아두고 공정하게 처신하라고 요구하는 것은 모순이다. 판사가 대통령과 대법원장이 원하는 대로 재판해야만 한직으로 밀려나지 않는 제도 아래에서 공정한 재판을 요구하는 것은 모순이다. 물이 낮은 데서 높은 데로 흘러가기를 바라고, 물에게 그렇게 요구하는 것과 다름이 없다.

국민을 위한 정치를 열심히 펼쳐나가면 또다시 국회의원 후보가 되고 대통령 후보가 될 수 있는 제도를 먼저 마련해야 한다. 그런 다음 공명정대하게 임무를 수행하라고 요구하는 것이 순리다. 그것이 인간의 본성에 맞는 이치다.

자신과 가족의 안위를 위해 열심히 일하면 그것이 곧 국민 전체의 이익이 되는 방식으로 법과 제도를 갖추어놓는 것이 선진 정치의 우선 과제이자 최선의 방책이다. 개인이 행복해지면 국민이 행복해지고 국민이 행복해지면 국가가 행복해진다.

② 대통령 후보 국민 직선으로 국민을 위하는 대통령

대통령 후보를 국민이 직접 가리는 국민 직선 제도의 도입이 시급하다. 같은 주의나 주장을 가진 소수의 집단이 장악하고 있는 정당에서 후보를 결정하지 않고, 국민 전체의 뜻을 모아 후보를 결정하게 해서 그야말로 국민 전체를 위해 일할 대통령을 뽑도록 해야 한다.

정치 선진화는 대통령 후보 선정에서부터 국민 전체 의사가 반영될 때 이루어진다. 국민 전체 중 극소수 당원들로 구성된 정당이 대통령 후보를 뽑아 국민 다수의 의사를 반영하지 못하는 비민주적 방식은 사라져야 한다.

특히나 좌파 정당에 참여하고 있는 이가 후보 경쟁에 뛰어들면 갑자기 마치 사나운 전사처럼 변한다. 온건하고 합리적인 정견은 팽개

치고 극단적인 모습으로 탈바꿈하는 것을 여러 번 보아왔다. 극좌파가 장악한 정당에서 후보로 선출되려면 극단적인 정치 노선을 내보여야만 가능하기 때문이다. 만약 대통령 후보를 국민 직선 예비선거, 즉 오픈프라이머리로 가리는 제도가 도입되면 극소수의 강요에 응하지 않아도 된다. 다수 국민의 정치적 요구에 호응하기 위해 합리적인 정책과 정치적 견해를 표방하는 것이 오히려 유리하다.

③ 지방검찰청장 국민 직선으로 대통령 권력으로부터 독립

지방검찰청장을 국민 직선으로 하여 검찰을 대통령 권력으로부터 독립시켜야 정치적 사건에서 공정한 기소와 수사가 이루어진다. 그렇게 하면 검찰 조직이 대통령의 그늘에서 벗어날 수 있다. 밤낮없이 지적되었던 '권력의 시녀'라는 누명에서 벗어나 국민에게 충성하는 공정한 검찰이 될 것이다. 우선 단일 검찰 조직을 20여 개의 지방검찰로 나누어놓으면 검찰의 권력이 순화된다. 그러고 나서 점차적으로 일반 검사들도 직선제를 적용한다.

검찰의 수사권과 기소권은 매우 중요하다. 수사의 강약을 조절할 수 있고, 기소 여부를 결정할 수 있으며, 기소 형량을 조정할 수 있다. 법원은 검찰에서 기소된 것을 재판하기 때문에 형사사건에 있어서는 법원보다 큰 권한을 가진다고 볼 수 있다.

그런데 현재는 대통령이 검사의 인사권을 쥐고 있어서 대통령이 마음만 먹으면 자신과 자기 정파의 수사와 기소를 간섭하고 조정할 수 있으며 특정인, 특정 기업, 특정 단체의 기소 및 수사에 관여할 수 있다. 추미애 법무부 장관 당시 수차례 검찰 인사를 통한 검찰 수사팀의 해체가 그 단적인 예이다.

④ 지방법원장을 국민 직선으로 대통령 권력으로부터 독립

지방법원장을 국민 직선으로 하여 법원을 대통령 권력으로부터 독립시켜야 정치적 사건에서 공정한 재판이 이루어진다. 그렇게 하면 대법원장이 판사의 인사를 마음대로 하지 못한다. 즉, 대통령의 영향하에 있는 대법원장이 판사의 인사에 직접 관여하지 못하면 일선 판사는 소신 판결을 내리게 되어 공정한 정의 실현을 기대할 수 있는 것이다. 그러고 나서 일반 판사도 직선제를 적용하면 된다.

대통령과 국회의원 후보 국민 직선 실시 후의 예상도

대통령 후보와 국회의원 후보를 국민 직선으로 가릴 때 변화되는 미래의 모습을 예상해보자. 한국의 여느 분야와는 유독 다르게 하류의 후진성을 벗어나지 못하고 있는 우리 정치판에 희망의 새 그림이 그려질 것이다.

파벌 정치 청산으로 국민을 위한 정치 실현

국회의원들이 계파 보스 앞에 줄서는 행위를 그만두면 지역구에 내려가 주민들의 의사가 무엇인지 여론 청취에 집중할 수 있다. 자신이 국회에서 무슨 일을 하여 민생에 도움이 되는 어떤 정책을 펼치는지 등을 설명하는 데 많은 시간을 쓸 수 있다. 선거철에만 반짝 얼굴을 내밀고 목청을 높이는 치졸한 구태도 사라질 것이다. 자신의 정치 인생이 바로 지역 주민들의 손에 달려 있으니 당연한 현상이다.

대통령이 되고자 하는 유력 정치인들은 국민이 대통령 후보를 직접 뽑기 때문에 계파를 만들 이유가 없어져 파벌 정치를 하지 않게 된다. 그렇게 해서 대통령이 된 이는 국민을 잘살게 하고 국가를 안전하게 발전시키는 데 역량을 발휘할 것이다. 국민의 생명과 재산을 보호하고 국력을 키우는 일에 전념하면서 그 실적과 능력으로 평가받고 경쟁하는 분위기가 조성되어야 한다.

민주 국회는 의원 간의 평등한 관계에서부터

국회의원들 간의 관계가 평등하게 바뀌어야 진정한 민주적인 국회가 성립된다. 거대 중앙당 체제가 없어지고 의원들이 상하 관계에서 평등한 수평 관계로 바뀌게 되면 민주적인 국회로 다시 태어날 것이다.

정당에서 전권을 쥐고 후보 공천을 하지 않게 되면 당대표니 사무총장이니 후보공천위원회니 하는 것이 다 무의미하게 되어 사실상 중앙당 체제가 사라진다. 원내대표가 의원들의 국회 활동을 조정하고 지도하게 되며, 상임위원회 중심으로 국회가 움직이게 된다.

극한 대립 정치 대신 상생 정치 기대

야당은 여당이 하는 일을, 여당은 야당이 하는 일을 무조건적으로 반대하는 것이 지금까지 우리 정치의 모습이었다. 그렇게 하는 것만이 마치 존재의 이유인 것 같은 행태를 보여왔다.

대통령 후보와 국회의원 후보를 국민 직선으로 선출하면 극한 대립 정치는 사라지고 비로소 상생 정치를 기대할 수 있다. 국회의원들은 보다 독립적인 입법 기관으로서 의원 활동을 펼친다. 당론에 따라 극한적인 대립을 하는 모습은 크게 줄어들 것이 쉽게 예상된다. 비로소 우리 국회는 타협과 상생이라는 성숙된 선진 정치의 모습을 보일 것이다.

국회에서의 극한적인 대립은 파벌 보스들의 결정을 초선 또는 재선 의원들이 따르지 않을 수 없기 때문에 흔히 일어났다. 그러나 후보 공천이 파벌 보스의 손에 달려 있지 않은 후보 국민 공천 제도에서는 그럴 필요가 없다. 수직 관계에 있는 파벌 보스가 없으니 국회의원들이 각자 자유로운 의사결정을 할 수 있다.

다수 국민의 이익을 대변하는 정당 기대

후보 국민 공천 제도는 다수 국민의 이익을 대변하는 정당을 만드는 초석이 된다. 국회의원 및 대통령 후보가 정당 공천에 의해 결정되지 않고 지역 주민과 전체 국민의 의사에 따라 결정되기 때문에 정당 공천 시의 문제점들이 해소될 수 있다. 소수 이념 집단인 당원들의 영향력이 크게 줄어들고 정당이 극단에 흐르지 않게 되어 정국이 안정될 것이다.

대선 주자를 자처하는 정치인 가운데는 대한민국 국민이라면 언뜻 납득하기 어려운 종북 좌파적인 발언을 수시로 내놓는 이를 예로 들 수 있다. 이것은 당내 핵심 세력인 극좌파의 지지를 받기 위한 행태로 판단된다. 대선 주자로 낙점되기 위해서는 우선 당의 공천을 받아야 하는데, 당내 핵심 세력의 지지 없이는 불가능하기 때문이다.

대통령 후보 시절 히말라야 트래킹에 나선 문재인 전 대표는 자신의 SNS에서 '아직도 작전권을 미군에 맡겨놓고 미국에 의존해야만 하는 약한 군대, 방산 비리의 천국, 이것이 지금도 자주국방을 외치는 박근혜 정부의 안보 현주소'라고 비난한 바 있다.

핵무기, 전략핵폭격기, 항공모함, 고도의 정보 수집 능력을 가진 인공위성, 핵미사일을 격추시킬 방어 체계, 지하 60미터를 뚫고 들어갈 벙커버스터 등은 우리에게 없다. 미국이 가진 세계 최강 군사력의 도움 없이 무슨 방법으로 국민의 생명과 재산을 안전하게 보호할 수 있겠는가? 그러한 사실을 모를 리도 없는데 위와 같은 발언을 한 것은 당내 운동권 출신 좌파들의 지지를 받기 위함이 아니면 무엇일까?

좌파들의 환심을 얻기 위한 발언은 주기적으로 나왔다. 그런 말을 자주 하면 자신의 노선으로 인식되고, 그런 사람이 대통령이 되면 전 국민의 생명과 재산은 위기에 빠진다.

국민 다수의 의사와 다른 극소수의 극렬 핵심 세력이 당을 장악하고 있으면 자신들의 노선을 국정에 반영할 만한 대통령 후보를 뽑게 될 것은 뻔한 이치다. 그 후보가 국민의 인기에 영합하는 무책임한 정책을 공약으로 내세워 대통령에 당선되면 나라는 큰 위험에 처할 수밖에 없다. 정당에서 대통령 후보를 공천하는 제도는 이와 같이 소수의 극단적인 세력이 나라를 뒤흔드는 혼란을 가져온다.

반면에 오픈프라이머리, 즉 후보 국민 공천 제도를 도입하면 소수의 극단적인 세력이 장악한 정당 조직에서 공천권이 배제되어 소수의 극단 세력이 나라를 뒤흔드는 일이 원천적으로 불가능해진다. 따라서 국정 운영이 안정되고 국민 전체의 의사가 반영되는 온전한 민주정치가 이루어지는 것이다.

유능한 정치 지망생들이 정치의 수준을 높인다

후보 국민 공천 제도는 유능한 정치 지망생을 많이 배출하는 역할을 한다. 이에 따라 정치와 정치인의 수준이 크게 높아질 것을 기대할 수 있다.

파벌 정치가 사라지면 국회의원들이 국민을 위한 정책을 소신껏 펼칠 수 있고, 비로소 국민에게 봉사하는 편안하고 친근한 정치가 이루어질 것이다. 이렇게 되면 다른 모든 분야가 그렇듯이 정치도 새롭고 유능한 인재들이 많이 참여하게 되어 우리 정치가 삼류의 오명을 벗고 획기적으로 발전할 것으로 내다본다.

대통령 후보군의 확대로 국민의 선택권 다양화

대통령 후보가 될 인물의 수가 확대되어 많은 인재들 가운데 국민이 선택할 수 있는 폭이 넓어진다. 현재의 정당 후보 공천 제도하에서는 당내에 확고한 기반, 즉 파벌을 만들지 못한 사람은 후보로 나서는 것 자체가 불가능하다. 따라서 대통령 후보로 나설 수 있는 사람은 극히 제한될 수밖에 없다.

어떤 정당에 대통령 후보가 될 만한 사람이 없다는 것은 당내 강력한 지지 세력을 가진 후보가 없다는 것이지 대통령이 될 만한 인재가 없다는 뜻은 아니다. 국회에서 경력을 쌓은 유능한 정치인뿐만 아니라 경제계·언론계·문화계 등 각계에서 능력을 입증한 인재들이 대통령 후보로 언제든지 참여할 수 있어야 한다. 후보 국민 공천 제도를 도입하면 대통령 후보군을 크게 확장할 수 있어 국민의 후보 선택권 폭이 한층 넓어진다.

정당의 정체성과 연속성이 높아진다

후보 국민 공천 제도를 실시하면 정당 공천 때보다 정당의 정체성과 연속성을 크게 높인다.

우리나라에서 명멸한 정당의 수는 너무 많아서 그 이름을 전부 나열하기조차 어렵다. 이렇게 많은 정당이 생겨났다가 사라지게 된 배경은 대통령 후보들이 기존 정당에서는 후보 공천을 받기 어려울 때 다른 이름의 정당을 만들어 그 신생 정당으로부터 공천을 받아

출마하기 때문이다. 정당이 정치적 이상을 실현하기 위해 조직되는 것이 아니라 후보를 내기 위해 선거철에만 반짝 등장했다가 곧 모습을 감추어버린 예가 많다.

정당 공천 제도에서는 대선 주자가 새로운 당을 만들면 정치인들은 그 파벌 보스를 같이 따라가야만 공천을 받을 수 있어서 새로운 당이 쉽게 만들어진다. 선거철만 되면 철새 정치인들의 이합집산이 벌어지는 것이다.

그러나 지역 주민이 직접 후보를 뽑는 후보 국민 공천 제도에서는 파벌 보스를 따라 새 당에 합류한다고 해서 공천을 받는 것이 아니다. 오히려 잘 알려지지 않은 신당 후보로서 다른 기존 당 후보와 경쟁하는 것이 불리하게 되어 신당을 만드는 것이 어렵게 된다. 이에 따라 기존 정당이 오랫동안 유지되어 정체성과 정책의 일관성이 구현될 수 있다.

그리고 또 바꾸어야 할 정치제도들

지금까지의 제도하에서 여당 국회의원은 대통령의 영향력으로부터 실질적인 독립을 기대하기 어렵다. 국회의원 정당 후보 국민 직선 예비선거 제도를 도입하면 여당의 국회의원들이 다음 공천을 받기 위해 대통령의 정책이나 정치 노선을 무조건적으로 따르는 일이 없어진다. 여당뿐만 아니라 야당 국회의원도 당내 파벌 보스로부터 자유로워져서 그야말로 국민의 뜻을 대변하는 진정한 정치인이 되게 한다.

입법부 독립

우리 헌법 제52조에 '국회의원과 정부는 법률안을 제출할 수 있다'라고 명시되어 있다. 이는 대통령제의 삼권분립 원칙에 맞지 않는 제도다. 미국의 경우 상원과 하원만이 입법권을 가지며, 행정부는 법률안 제출권이 없다. 의원내각제 국가에서는 행정부에게 입법 제출권이 있다. 대통령제에서 막강한 힘을 소유한 대통령이 법안 제출권까지 가지면 입법부의 가장 큰 입법 기능을 약화시켜 대통령의 권력을 지나치게 키우는 요인이 된다.

우리 헌법에는 대통령이 국무회의의 의장이 되어 법률안을 심의해 제출할 수 있도록 규정되어 있다. 대통령이 중요 사안에 대한 법률안을 국회에 보내면 대통령의 뜻이 곧 여당의 당론이 되고 다수에 의해 통과되는 구조다. 국회는 행정부가 제출한 법안이면 당연히 통과시키는 '통법부通法府'가 되어 행정부를 견제하는 역할을 제대로 하지 못한다. 말하자면 국회는 국가와 국민을 위해 법률을 제정하기 이전에 행정부가 만들어준 법을 통과시키는 역할을 하는 기관이 되고 마는 것이다.

감사원 국회 귀속과 국회의원 행정부 장관 임명 금지

국가의 세입·세출의 결산, 국가 및 법률이 정한 단체의 회계검사, 회계감사권을 가진 감사원을 국회로 귀속시켜서 세금을 귀하게 사용하고 국민에게 책임을 지는 정치를 실현해야 한다. 각종 정부 프로그램에 대한 사업 평가와 정책 분석, 광범위한 의견과 조언 및 효

정치, 이렇게 하면 초일류 된다

율성 제고 방안 제시 등을 독립적이며 실질적으로 맡을 수 있는 조사 및 감사 체제를 입법부 소속하에 두는 것이 맞다. 행정부에 대한 감사를 행정부가 한다는 것은 적절하지 않다.

뿐만 아니라 현직 국회의원이 행정부 장관에 임명되는 것을 금지해야 한다. 이는 내각책임제의 제도이며 대통령제에는 맞지 않다. 현직 국회의원 가운데 장관을 임명하면 대통령의 영향력이 국회에 미치게 되어 국회의 행정부 견제를 약화시킨다.

국회의 상시 개회도 국회를 활성화시키고 행정부를 견제하는 역할을 하게 될 것이다.

국가 예산을 국회 법안으로 하고, 정부에서 보낸 예산안을 증액 또는 감액할 수 있게 하며, 신규 항목을 만들 수 있도록 법률을 개정할 필요가 있다.

행정부의 고위 공직자 임명 견제

행정부의 고위 공직자는 국회의 인준 청문회를 거쳐 국회의 동의를 받아 대통령이 임명하도록 해야 한다. 현재는 국회 인사 청문회를 거치면 국회의 동의가 없어도 대통령이 장관을 임명할 수 있다. 국회가 대통령의 고위 공직자 임명을 견제할 수 없는 것이다. 미국의 경우 수천 명의 공직자가 국회 인준 청문회를 거쳐서 동의를 얻어야 임명될 수 있다.

입법 청문회를 활성화해 입법 과정에 국민의 참여가 가능하도록 해야 한다.

국정감사를 30일 간으로 제한하지 않고 상임위원회에서 상시 감사하게 해야 한다. 국회가 회계감사권도 갖도록 하여 행정부가 법대로 집행하는지 확인할 수 있어야 한다.

대통령과 국무위원에 관한 헌법 조항을 행정부 편에 놓아 대통령은 행정부의 책임자임을 분명히 할 필요가 있다. 따라서 '대통령은 국가원수'라는 규정은 세심히 검토되어야 할 부분이다. 입법·사법·행정 3부를 모두 지배하는 권한을 갖는 것으로 오해할 수 있는 조항이다.

또한 국무총리직을 폐지하여 대통령이 행정부를 책임지게 한다. 아울러 법제처를 행정부 관할에서 입법부로 변경하여 국회가 원활한 입법을 할 수 있게 한다.

사법부 독립

대법원장 및 대법원 대법관을 국민 직선으로 하여 사법부가 직접 국민에게 책임지게 한다. 이는 사법부의 실질적인 독립을 하게 할 것이다.

헌법재판소 재판관도 국민 직선으로 하면 헌법재판소가 명실공히 국민이 신뢰하며 국민에게 책임지는 기관으로 정립된다. 이 또한 사법부의 독립에 필요한 제도가 될 것이다.

누구의 무엇을 위한 정책인가?

대통령 공약 사항도 국민적 토론과 검증 거쳐야

대통령 선거의 공약 사항들이라 해서 국민들이 전부 동의한 것이 아니다. 국민들이 어떤 대통령 후보를 선택할 때 그가 공약한 것 중 일부는 찬성하지만 일부는 반대할 수 있다. 그런 공약들 중 다른 후보보다 상대적으로 낫다고 판단해 지지하는 것이다. 따라서 대통령이 된 이후 그가 내세운 공약 전부를 실행해야 한다고 생각하는 것은 국민 다수의 뜻과 어긋날 수 있는 매우 위험한 발상이다.

제19대 대통령 선거에서 문재인 후보가 내세운 최저임금 1만 원 인상, 탈원전 등의 공약이 대표적인 예라 하겠다. 그러한 공약들이 국민 생활에 심각한 영향을 끼치게 되는 사안이라면 대토론을 거친 다음 치밀한 여론조사 이후 국민투표에 의해 결정해야 마땅하다.

제16대 대통령 선거에서 노무현 후보가 내세운 수도 이전 공약을 보자. 충청권 지역 주민 이외의 다수 국민은 수도권 이전에 반대했다. 하지만 노무현 후보가 당선된 것은 여타의 부분에서 많은 지지를 받았기 때문으로 보인다. 즉, 노무현 후보에 투표한 유권자 중 수도 이전에 찬성한 사람보다 반대한 사람이 더 많을 수 있다는 것이다. 전체 국민 중 수도 이전에 반대한 사람의 비율이 훨씬 높을 수 있다는 이야기다. 바꾸어 말하면 당시 대선 구도에서 캐스팅보트 역할을 하는 충청 지역 표를 추가로 얻어서 당선하겠다는 개인적 야심에서 수도 이전 공약이 나왔다는 것이 중론이다.

따라서 대통령 선거의 공약 사항이라고 해서 독단적으로 실행해서는 안 된다. 중차대한 국가적 대사는 국민 전체의 공론화 과정을 거치고 국민투표를 실시해서 실행 여부를 정해야 할 것이다.

대통령 임기 4년 중임제, 국회의원 임기 2년제 도입

대통령 임기 5년은 너무 길다. 대통령이 국민 다수가 불신임하는 정치를 지속할 때는 그것을 막을 방도가 간단치 않다. 국민 다수의 뜻을 반영할 방법이 5년 동안은 현실적으로 없다. 2년도 나라를 위기에 빠트리는 데 충분한데, 5년이면 나라를 거덜낼 수 있는 아주 긴 기간이다.

로마 공화정 시대에는 최고 행정 책임자인 집정관의 임기가 1년이었다. 시민들의 의사를 1년마다 확인하여 행정관이 신속하게 시민의 의사를 반영하게 했다. 법무관·호민관·감찰관 등 모든 정무관의 임기는 1년이었으며, 모두 민회에서 선출했다.

대통령의 임기를 4년 중임제로 해서 선출 후 4년 동안의 정치 실적에 대해 국민의 심판을 받게 하는 것이 선진 정치를 실현할 수 있는 보다 민주적인 방법이다.

국회의원의 임기는 2년으로 줄이는 것이 바람직하다. 미국의 경우 하원의원의 임기는 2년이다. 미국의 헌법 제정자들은 선거를 자주 실시함으로써 국민의 의사를 충실하게 반영하는 대표 의회 체제를 갖고자 했다. 국민의 대표가 국민의 의사를 제대로 반영하지 않으면 곧바로 다른 사람으로 대표자를 바꿀 수 있도록 하는 상시 책임 대의 체제를 만들어야 한다.

국회의원 임기 2년제는 대통령이 임무 수행에 대한 국민의 심판을 2년마다 실시되는 국회의원 선거를 통해 받게 한다. 이는 곧 막강한 대통령의 권한을 국민의 뜻에 맞게 행사하도록 만든다. 대통령이 임무 수행을 잘하면 굳이 4년을 기다리지 않고 국민이 2년 만에 여당의 국회의원 수를 많게 뽑아주어 대통령의 직무 수행에 힘을 실어준다. 그러나 임무 수행을 잘하지 못하면 국민이 2년 만에 여당의 국회의원 수를 적게 뽑아주어 대통령의 입법 지원을 제한함으로써 대통령의 잘못을 수정시킬 수 있다.

대통령 집무실은 청와대 본관에서 나와야 한다

대통령 집무실을 청와대 본관에서 정부 서울 청사나 비서동으로 바꾸어야 한다. 대통령이 출퇴근하는 모습을 일반 시민이나 기자들이 볼 수 있어서 대통령의 일상을 국민이 알 수 있게 해야 한다. 대통령이 구중궁궐에 있어 언제 출퇴근을 하는지, 누구와 무엇 하는지 알 수 없는 것은 '안보'를 핑계로 삼는 비민주적 방식이다. 기자나 시민이 눈으로 확인할 수 없으니 업무를 제대로 하는지, 게을리하는지 평가할 수 없다. 대통령은 공무원 중의 한 명이다.

대통령 집무실이 있는 청와대 본관은 너무 크고 웅장하여 거기서 일하는 대통령이 권위적으로 흐를 가능성이 높다. 업무차 공직자가 본관에 들어서면 심리적으로 위축되는 권위주의적인 건물이다. 과거 독재 시절의 낡은 유산이 그대로 답습되고 있는 것이다. 대통령 책상이 출입문에서 한참 걸어가야 할 위치에 놓여 있을 정도로 불필요하게 크다. 대통령 집무실이 비서동과 멀리 떨어져 있어 많은 문제점이 있다. 청와대 본관은 업무와 소통을 위한 공간이라기보다 의전만을 위한 건축물에 더 가깝다. 왕정 시대에나 걸맞는 건물 구조라 하겠다.

필요 이상으로 공간이 넓다보니 수석 비서관 회의 같은 소규모 모임에서조차 1인 1마이크가 필수다. 반면에 미국 백악관의 경우 우리 국무회의 격인 캐비닛 미팅cabinet meeting을 비롯해 거의 모든 회의에서 마이크를 찾아보기 어렵다. 과하게 넓은 공간과 더불어 격식을 지나치게 중시하는 전근대적 문화로 인해 대통령과 주변인의 거리는 자연스럽게 멀어질 수밖에 없다.

대통령 집무실 이전 후 본관은 다른 목적으로 바꾸고, 청와대 정원의 일부는 시민을 위한 공간으로 돌리는 것이 바람직하다. 그 넓은 정원을 대통령이라 해서 혼자 차지한다는 것은 잘못된 비민주적인 행태이다.

대통령 관저 또한 지나치게 크다는 것도 지적된다. 대통령이 되면 주위에서 마치 옛날의 왕처럼 대우를 하니 국민을 무시하고 권위적으로 군림하려 드는 것이다. 독일의 총리가 사용하는 전용 주거 공간인 아파트 8층에는 침실 2개와 화장실과 부엌이 있다. 28제곱미터(약 8.5평) 크기의 침실은 침대 하나만 들여놓을 수 있을 정도로 좁은 편이다. 메르켈 전 총리는 그나마 이곳을 이용하지 않고 인근 베를린 박물관섬(무제움인젤Museumsinsel) 건너편 쿠퍼그라벤에 있는 사택에서 생활하며 출퇴근했다. 영국 수상의 관저 3층 건물의 맨 위층이 총리 가족의 주거 공간이다. 침실로 쓸 수 있는 방은 4개뿐이다.

좌파 정부의 부동산 정책
실패 원인과 해결 방안

현실 사회의 중요한 이슈, 부동산 정책

부동산 정책은 반드시 풀어야 할 우리 사회의 가장 중요하고 심각한 문제 가운데 하나다. 현실성 없는 허황된 이론이나 편법으로 부동산 정책이 실시되면 그 피해는 고스란히 국민에게 돌아갈 수밖에 없다. 이전의 부동산 정책 실태와 좌파 정권의 부동산 정책 실패 원인을 간략히 살펴본다.

시장 원리를 해치는 인위적인 장애물 설치

자본주의 시장에서 상품의 수요와 공급에 따라 자연적으로 결정되는 가격을 자유시장가격이라고 한다. 주택의 경우도 마찬가지로

정치, 이렇게 하면 초일류 된다

적용된다. 공급과 수요를 시장에 맡겨야 가격이 자연스럽게 형성된다. 인위적인 장애물을 설치함으로써 시장원리가 작동하지 않아 그 가격은 급등하거나 급락하게 된다.

오늘의 젊은이들이 절망하는 가장 근본적인 원인이 부동산 정책에 있다. 평생을 아끼고 모은다 해도 집 한 칸 마련할 수 없다면 과연 살맛이 날까? 이에 따라 결혼과 출산은 점점 멀어질 수밖에 없다. 이전까지 서민들은 그래도 알뜰히 모으면 내 집을 가질 수 있다는 희망으로 열심히 살았다. 서민들의 그 소박한 희망을 송두리째 앗아가버린 부동산 폭등 사태, 그 책임을 누가 져야 할까?

주택 가격을 안정시키려면 우선 공급을 늘려야 한다. 반대로 공급을 억제할 경우 주택 가격은 수요와 공급의 법칙에 따라 급상승한다.

좌파 정부가 집권한 후 부동산 투기를 막아 부동산 가격을 안정시키고 불로소득인 부동산 매매 차익을 국가가 환수하겠다고 공언했다. 그 방안으로 1인 다주택자가 1주택을 제외하고 다른 소유 주택을 팔도록 유도하면서 다주택자에겐 징벌적 세금을 부과했다. 그러나 주택 가격은 계속 가파르게 상승했고 부동산 시장 개입 정책을 24차례나 만들어 시행했으나 부동산 가격은 급격한 상승을 멈추지 않았다. 2020년에 임대차 3법을 새로 제정해 시행했는데, 그 부작용으로 전세 가격과 월세 가격의 폭등으로 이어지면서 전세 가격의 폭등이 아파트 매매 가격을 밀어 올리는 결과를 낳았다. 좌파 정권 4년 반 만에 서울의 아파트 가격은 2배가 되었다.

어떤 법이든지 그 법이 오랫동안 시행되면 거기에 따라 시장이나 사람들의 생활이 균형을 이룬다. 이런 사회적 균형을 보호해나가는 것이 정부가 해야 할 일이다. 이처럼 오래된 법을 바꾸려면 시민들이 적응할 수 있도록 충분한 준비 기간을 두면서 부작용과 불편을 줄여야 하는 것이 정부의 의무이다.

그러나 좌파 정부는 부동산 정책을 순식간에 시민들이 감당할 수 없을 정도의 규모로 24번이나 바꾸었다. 마치 프라이팬 위의 콩처럼 볶아 대면서 국민을 거의 학대 수준으로 대했다.

좌파 정부가 내놓은 부동산 정책으로 인해 주택 값이 급등하자 시장에 주택을 공급하는 역할을 하던 다주택자에게 그 원인을 돌렸다. 갑자기 다주택자를 나쁜 사람으로 몰면서 고율의 양도세와 종부세를 물렸다.

주택을 사서 빌려주고 세를 받는 사람과 빌딩을 사서 빌려주고 세를 받는 사람이 무슨 차이가 있을까? 왜 느닷없이 다주택자가 파렴치한 사람이 되어야 하나? 좌파 정부의 잘못된 주택 정책으로 집값이 폭등하자 다주택자를 희생양으로 만들어 악마화한 것이다. 다주택자가 시장에 주택을 공급하지 않으면 정부가 대신해야 한다. 전국 1800만 주택 중 43%에 해당하는 770만 호가 임대주택이다. 그 가운데 공공임대주택 166만 호를 빼면 약 600만 호를 정부가 느닷없이 무슨 재주로 공급할 수 있겠는가? 국민을 부자와 빈자로 편 갈라 서로 반목하게 만들어 정치적 이득을 얻으려는 좌파 정부의 상습적인 행태라는 것이 다수의 인식이다.

2020년 9월 22일 〈조선일보〉 파리 특파원 손진석 기자의 기사를 인용한다.

정치, 이렇게 하면 초일류 된다

유럽 집 정책, '굼벵이'인 이유

보리스 존슨 영국 총리가 지난달 '집값 잡기' 대책을 내놨다. 매년 30만 호의 새집 공급 계획을 발표했다. 그러면서 존슨 총리는 지방 자치단체의 도시계획 권한을 사실상 없애겠다고 했다. 지자체들이 관내 유지들의 이해관계에 끌려다니는 통에 새집을 지을 부지 확보가 더디다고 봤기 때문이다.

집값 안정이라는 명분이 있는 조치지만, 존슨 총리는 42개월이라는 시간을 예고했다. 중앙정부가 42개월 후 도시계획 권한을 틀어쥐겠다면서 그전에 지자체들이 관내를 성장 구역, 재개발 구역, 보호 구역 등 3가지로 나누면 존중하겠다고 했다. 갑작스러운 변화로 혼란에 빠지거나 손해를 입는 국민이 생기지 않도록 준비 기간을 넉넉히 둔 것이다.

네덜란드는 주택 담보 대출 상한선을 낮출 때 '거북이걸음'을 했다. 2012년 네덜란드의 LTV(담보 대비 대출금 비율) 한도는 106%였다. 10억 원짜리 집을 살 때 10억 6000만 원까지 빌려주는 것이니 너무 높다는 말이 나왔다. 그래서 네덜란드 정부는 LTV 상한선을 낮췄다. 속도를 주목해야 한다. 2013년 105%, 2014년 104% 식으로 1년에 1% 포인트씩 낮춰 2018년부터 100%를 유지하고 있다. 내집 마련을 오랫동안 숙고하던 사람이 느닷없는 대출 장벽으로 뒤통수를 맞지 않도록 배려했다.

프랑스에서는 주택 소유자에게 물리는 재산세가 2008년과 비교해 2018년에 평균 35% 올랐다. 같은 집에 대한 재산세가 2008년에 100만 원이었다면 2018년에 135만 원이라는 것이다. 주택의 공시 가격을 높인 결과인데, 사실 10년간 35%의 변화가 급등이라고 하기는 어렵다. 그래도 물가 상승률보다는 제법 높기 때문에 납세자들의 눈치를 보며 천천히 올렸다.

부동산 정책의 궁극적인 목표는 더 나은 주거 생활을 위한 대국민 서비스여야 한다. 그래서 유럽처럼 굼뜨게 변화를 주는 게 당연하다. 대다수 평범한 이들에게는 집을 사거나, 팔거나, 짓는 건 인생을 통틀어 몇 차례만 겪는 굵직한 일이다. 되도록 멀리 내다보고 결정을 내리고 싶어하게 마련이다. 그런 마음을 위정자는 당연히 헤아려야 한다. 예상치 못한 부작용을 막기 위해서도 충분한 예고 기간이 필요하다.

한국에서 최근 3년 사이 쏟아진 부동산 정책은 국민에 대한 서비스가 아니라 학대 수단에 가깝다. 예고 없는 세금 폭탄이 여러 번 터졌다. 대출 규제는 '시계視界 제로'다. 정책이 급변침하는 사이 집값 안정도 멀어지고 있다. 언제 또 제도가 바뀔지 몰라 불안에 쫓겨 '패닉 바잉'을 하기 때문이다.

경제 규모가 세계 10위 언저리에 있다 보니 한국 정부의 정책은 외국에서도 유심히 지켜본다. 민주주의 체제의 경제 강국이 펴는 정책이라고 하기에는 폭압적인 조치들이 난무하고 있다. 나라가 품위를 잃어가고 있다.

아파트값 급상승의 원인

아파트값 급상승의 원인으로 다음의 다섯 가지를 꼽을 수 있다.

① 좌파 서울시장의 재개발·재건축 강력 억제 정책

좌파 서울시장이 재개발·재건축을 강력히 억제하는 정책을 10년 가까이 지속하는 바람에 새 아파트 공급이 절대적으로 줄어들었다. 국민소득 향상에 따라 더 좋은 아파트를 원하는 구매자들의 수요를 충족시키지 못했다. 또한 1인 가구의 급속한 증가에 따른 신규 수요도 따라잡지 못했다. 주택 가격 급등은 당연히 일어날 수밖에 없었다.

② 좌파 정부의 신규 주택 공급 억제 정책

좌파 정부의 신규 주택 공급을 억제하는 정책 유지가 한 요인으로 작용했다.

문재인 정부는 주택보급률이 충분한데 다주택자들이 주택을 많이 갖고 있어 공급 부족을 야기한다는 기본 인식을 갖고 있었다. 그에 따라 정부가 신규 주택 공급을 대대적으로 유도해야 하는데도 신규 주택 건설을 하지 않겠다는 정책을 고집하자 주택 구매 희망자는 주택 가격이 오를 것으로 판단하고 서둘러 구매에 나섰다. 아파트를 구매하려는 사람들은 비싼 값을 치르더라도 새 아파트를 원하는 경향이 있다. 그럼에도 불구하고 주택보급률만 앞세우고 신규 주택의 공급을 등한시했다. 새 아파트 공급이 되지 않으니 분양가와 실거래가가 크게 올라갈 수밖에 없다. 이는 가격 급등의 여파가 수도권 인접 지역으로 번져나가게 했다.

③ 징벌적 양도세 및 종부세 부과로 매물 급감

좌파 정부는 다주택자가 부동산 급등의 원인이라면서 다주택자에게 고율의 징벌적 양도세와 종부세를 부과해 시장에 매물이 급감하는 사태를 낳았다.

서울의 자가 보유 비율이 48.6%이고 전국의 자가 보유 비율이 56.3%이다. 이는 세계 선진국 여러 나라와 비슷한 보편적인 비율이다. 최근의 서울 또는 전국의 자가 보유 비율이 과거 수십 년과 비교했을 때 거의 변화가 없었고, 그동안 부동산 가격도 비교적 안정적이었다. 따라서 좌파 정부 이후 다주택자가 갑자기 부동산 가격 급등의 원인이 되기는 어렵다. 그러나 문재인 정부는 다주택자가 부동산 급등의 주원인인 것으로 단정하여 다주택자에게 징벌적 세금을 부과하고 향후 더 늘리겠다고 하자 시장에는 주택 매물이 급감하면서 아파트 가격이 폭등했다.

국민에게는 대단히 중요한 주택 정책을 두고 있는 자와 없는 자를 반목하게 하는 것은 큰 잘못이다. 오히려 없는 자에게 그 피해가 돌아간 이 참사는 과연 누구의 무엇을 위한 정책의 집행인지 의심스러울 따름이다.

④ 특목고와 자사고 폐지로 서울 강남 주택 수요 급증

　국민 다수의 반대에도 불구하고 특목고와 자사고의 폐지를 강행하여 강남 주택 수요를 급격히 증가시켰다.

　좌파 정부가 교육의 평준화를 내세워 특목고를 전면 폐지하면 서울 강남의 집값이 폭등할 것이라는 여론이 일었으나 이는 철저히 무시되었다. 언론과 야당에서 특목고와 자사고 폐지를 극력 반대했으나 좌파 정부는 이를 강행했다. 그러자 구매력을 가진 다수의 학부모들이 이제는 다시 과거처럼 서울의 강남으로 이사를 가야만 자녀가 좋은 교육을 받을 수 있을 것이라고 판단했다. 이때부터 서울 강남의 새 아파트는 물론 오래된 아파트까지 매물이든 전세든 모두 급상승하기 시작했다. 그 여파로 학군이 좋은 강북 일부 지역의 아파트 가격도 따라 올랐다.

⑤ 단기 투기 세력에 효과적인 단기 고율 양도세 도입의 지연

　단기 투기 세력에 효과적인 단기 고율 양도세 도입이 늦었다는 것이 문제로 지적된다.

　짧은 기간 안에 사고 팔아서 이익을 보려는 세력에 대해서는 고율의 양도세를 부과한다면 투기적 수요는 생기지 않을 것이다. 이는 1가구 1주택에도 적용해야 한다. 1가구 1주택자도 단기적인 주택 소유로 매매 차익을 누리기 위해 주택을 사는 것은 양도세 면제의 입법 취지에 어긋나기 때문이다. 예컨대 구매 후 5년 안에 판다면 보유 기간 1년에 4%씩의 보유 기간 공제를 하고 양도이익을 세금으로 받는다면 아무도 투기 목적으로 아파트를 사지 않았을 것이다. 장기적으로는 급등 아파트 가격은 떨어질 것이기 때문이다.

서울 강남의 아파트 가격 상승은 서울의 다른 지역 아파트값 상승으로 파급되었고, 이어서 수도권인 경기 지역과 지방 도시로 확대되면서 전국적인 주택 가격 폭등의 결과를 낳았다.

다주택자는 비난받아야 할 사람들인가?

좌파 정부는 한국의 다주택자가 주택 가격 상승의 주원인인 것으로 보고 다주택자를 징벌의 대상자로 만들었다. 과연 다주택자가 갑작스런 아파트값 급등의 원인이었는지 객관적으로 분석해볼 필요가 있다.

먼저 주요 국가 및 주요 도시의 주택 자가 보유율을 살펴보자.

주요 국가의 주택 자가 보유율

한국	미국	영국	프랑스	독일	일본
56.3%	63.6%	68.0%	65.0%	51.0%	61.9%

주요 도시의 주택 자가 보유율

서울	맨해튼·브루클린	런던	도쿄
48.6%	25.0%	40.0%	44.4%

이 표에서 보듯이 한국의 다주택자의 주택 보유 비율은 선진국들과 비슷하다. 선진국의 자가 보유율이 대개 50~60%대이고 대도시의 자가 보유율은 25~45% 수준이다. 한국은 56.3%이며 서울은 48.6%에 이른다.

다른 선진국에서도 최근 몇 년간 주택 가격이 한국보다는 훨씬 적으나 꾸준히 오른 것으로 나타난다. 그렇지만 그 어느 나라에서도 주택 가격 급등을 이유로 다주택자를 지적하거나 징벌적인 세금을 부과하지 않았다. 주택 공급 확대가 해결 방안으로 논의되었을 뿐이다. 다주택자는 임대주택을 정부 대신 공급하는 필요한 존재임을 인정하기 때문이다.

변세일 국토연구원 부동산시장연구센터장은 "대부분 나라에서 소득 하위 10~20%는 주택을 구매할 여력이 없다"면서 "여력이 있어도 이사를 자주 다닌다는 등의 이유로 집 사기를 꺼리는 이들이 많아 자가 점유율은 아무리 높아봐야 70%를 넘기기 어렵다"고 밝힌 바 있다. 주거 안정이라는 목표를 이루기 위해 자가 보유율이라는 수치에 집착하는 것은 옳지 않다는 비판도 나온다. 주택 정책의 목표는 주거 안정, 즉 소득 하위 계층이라 할지라도 큰 부담 없이 어느 정도 질이 높은 주택에 거주할 수 있는 것을 목표로 해야 한다는 것이다. 자가 보유 비율 그 자체가 목표가 되어서는 안 된다는 말이다.

김태섭 주택산업연구원 정책연구실장은 "다 무너져가는 집이나 가족 수에 비해 터무니없이 좁은 집에 산다면 자가 보유율이 무슨 의미가 있겠느냐"면서 "양질의 주택과 저렴한 임대주택을 안정적으로 공급하고 관리하는 것이 최우선 정책 목표가 되어야 한다"고 지적했다.

다주택자는 임대주택을 공급하는 중요한 역할을 한다

세계적 대도시가 된 서울의 주택 보급율이 100%로는 매우 부족하다.

우리나라의 경우 국내에 거주하는 외국인이 100만 명가량 되는데, 이들의 60% 이상이 서울과 수도권에 머물고 있어 누군가는 그들에게 집을 빌려주어야 한다. 외국인 유학생 16만 명 중 절반 이상이 수도권 대학에 재학 중이다. 이들은 가구 수에 포함되지도 않는다.

코로나 사태 이전 서울에는 매년 1000만 명이 넘는 관광객이 방문했다. 이들이 머물 집이 있어야 하는데, 호텔 같은 숙박업소만으로는 어렵다. 이들은 임대주택을 가진 누군가가 숙박할 공간을 빌려주어야 하는 사람들이다.

내국인 중 소득은 높으나 아직 집을 살 만큼의 자금을 모으지 못한 사람은 주택을 임대해 살아야 한다. 임시로 서울에 와서 있어야 할 사람도 많다. 서울에 집은 있지만, 지방이나 시골에 가서 살아야 할 사람도 있다.

대도시의 자가 보유율이 매우 낮고 임대주택 주거 비율이 높은 것은 아주 자연스러운 일이며 꼭 필요한 요소이다. 서울 주택 수가 약 300만 호이며 경기도가 약 450만 호인데, 그중 임대로 살고 있는 집이 300만 호가량 된다는 통계가 있다. 다주택자의 임대 없이 어떻게 이 많은 사람들을 수용해낼 것인가? 국민의 세금으로 임대 주택 300만 호의 주택을 사들여서 공급해줄 수 있을까? 불가능한 이야기다.

수십 년간 다주택자가 40%를 차지해왔다는 것은 필요에 의한 결과라고 보아야 한다. 다주택자가 집값을 급격하게 상승시킨 원인이라는 것은 근거 없는 논리다. 지난 수십 년간 다주택자는 비슷한 비율로 있어 왔는데 좌파 정부 이후 갑자기 다주택자가 부동산 가격 급등의 원인이 될 수 없는 것이다.

투기 세력과 실구매자에 대한 대책 부재

투기 세력에 대한 적절한 대응책의 부재와 선량한 실구매자에 대한 보호 조치의 부재는 부동산 정책의 중요한 실패 요인으로 지적된다.

아파트 가격 급등으로 젊은 구매 대기자들은 패닉 상태 속에서 서둘러 무리한 구매에 나섰다. 엉뚱한 원인 분석에 따른 엉뚱한 대책으로 아파트 가격이 단기간에 수십 퍼센트 이상 오르자 그들은 '영혼까지 끌어 모아' 상식 밖의 높은 가격으로 구매해야 했다. 하루 더 있다가는 얼마나 더 오를지 모른다는 위기감 때문이었다. 빚을 내서 투자한다는 뜻의 '빚투'에 이어 영혼까지 끌어모은다는 뜻의 '영끌'이라는 신조어가 퍼진 것도 이 무렵이다.

'영끌 대출', '영끌 투자'라는 쓸쓸한 말이 우리 사회에 유행어처럼 번졌다. 자고 일어나면 치솟는 부동산 가격에 실수요자도 투자자도 서둘러 구매에 나섰다. 정부의 탁상공론적인 정책에서 비롯된 사태였으므로 어느 누가 그 구매자들을 비난할 수 있겠는가? 문제는 여기에서 그치지 않을 것이다. 외국 사례에서도 보듯이 만약 거품이 빠져 아파트 가격이 폭락한다면 그 책임은 누가 지며, 쉽게 예상되는 그에 따른 공황 사태는 무엇으로 막을 것인가?

주택 가격 급등에 대한 대책

주택의 공급과 수요를 시장에 맡기고, 복잡한 규제를 없애는 것이 주택 가격을 안정시킬 수 있는 가장 중요한 대책이다.

OECD(경제협력개발기구) 선진국에서도 최근 우리나라에 비하면 아주 낮은 수준이지만 주택 가격 급등의 사례가 있었다. 그에 따른 대책으로 공급을 많이 늘려서 집값의 상승을 막으려 했을 뿐 다주택자를 급등의 원인으로 비난하면서 징벌적 세금을 부과하는 등의 방안을 사용한 나라는 없다. 오늘의 한국이 아마 유일하지 않을까 한다. 그 이유는 여러 선진국의 경우 시장경제에서 다주택자가 맡게 되는 중요한 역할을 인정하기 때문일 것이다.

주택 공급 대폭 확대

신축 주택 공급을 대폭 증가시켜야 한다. 다음은 신축 주택을 늘려나가기 위해 우선적으로 검토되어야 할 사항들이다.

- 재건축 및 재개발 요건의 결정적인 완화.
- 안전 진단 기준 완화.
- 아파트 가격 상한제 폐지.
- 용적률 대폭 확대로 도심 주택 공급 지원.

양도소득세 중과 폐지

양도소득세를 중과했는데 집값이 무려 두 배나 더 올라갔다면 틀림없이 잘못된 정책이므로 폐지하는 것이 옳다.

양도소득세는 보유 연수에 따라 명목 가치 상승분과 필요 경비를 공제해주어야 한다. 다주택자든 1주택자든 양도소득세 중과 제도를 폐지하고 장기 보유 특별 공제를 부활시킨다. 거주 여부와 관계없이 보유 연수 1년에 4%씩 공제하고 20년 상한으로 정한다. 즉, 인플레이션되는 비율만큼 세금을 공제해준다. 인플레이션되는 금액을 세금으로 거두는 것은 경제 논리에 맞지 않고, 양도하는 집을 쪼개어 국가가 강탈하는 것과 다를 바 없다.

국민이 소득세와 취득세와 부동산 보유세를 다 내고도 팔 때마저 인플레이션된 명목 가치 상승분을 세금으로 거두어가는 것은 사리에 맞지 않다. 이는 엄연한 이중과세에 해당하며, 서민의 노후 대책마저 무너뜨리는 일이다. 그로 인해 마음 편히 이사조차 할 수가 없게 되면 국민이 마땅히 가지는 거주 이전의 자유를 박탈하는 것과 마찬가지다.

문재인 정부가 양도소득세 중과 실행으로 부동산 가격을 잡겠다고 했는데, 결국은 집값을 두 배로 올려놓았으니 폐지하는 것이 해결 방안이다.

주택 투기자에 대한 양도소득세 중과

짧은 기간 안에 사고 팔아서 이익을 보려는 자들에 대해서는 고율의 양도세를 부과한다면 투기적 수요는 생기지 않을 것이다. 여기에는 1가구 1주택의 경우도 적용해야 한다. 1가구 1주택자도 단기적인 주택 소유로 매매 차익을 누리기 위해 주택을 사는 것은 입법 취지에 어긋나기 때문이다. 예컨대 구매 후 5년 안에 되판다면 보유 기간 1년에 4%씩의 보유 기간 공제를 하고 양도이익을 세금으로 받는다면 아무도 투기 목적으로 아파트를 사지는 않았을 것이다. 장기적으로는 급등 아파트 가격은 떨어질 것이기 때문이다.

특목고와 자사고의 유지

특목고와 자립고는 강남 이외에 지역에 흩어져 있어서 자녀의 교육을 위해 굳이 강남으로 갈 필요가 없었다. 그런데 교육 평준화라는 이유로 특목고와 자립고를 폐지한다고 하자 구매력 있는 학부모들이 강남으로 가야만 자녀를 우수한 대학에 보낼 수 있다고 판단해 강남 아파트를 집중 구매하기 시작했다. 그러자 강남의 신축 아파트에만 높은 가격이 형성되던 것이 신구를 가리지 않고 강남 전체의 아파트 가격이 급등했던 것이다.

특히 부모의 교육열이 높은 우리나라에서 특목고와 자사고를 계속 유지하고 발전시켜나가는 것은 인기 지역의 수요 억제와 다변화에 중요한 해결책이 될 것으로 보인다.

지방 거점 우수 병원 확충과 응급 환자 수송 헬기 다수 확보

대형 종합병원이 서울에 집중되어 있다는 것도 문제로 지적된다. 치료를 받기 위한 환자가 복잡한 서울로 올라와야 하는 일은 사리에 맞지 않는다. 지방에 거점 우수 병원을 확충하여 어디서나 긴급의료 지원을 받을 수 있게 하면 불요불급한 인구가 서울로 몰리는 것을 막을 수 있다.

응급 환자 수송 헬기를 다수 확보하여 지방 거주자의 응급 상황발생 시 위험을 줄일 수 있어야 한다. 지방에 거주하기를 원하는 사람들이 불편하지 않게 어디서든지 마음 놓고 살 수 있도록 하는 정책이 필요하다.

경제정책과 중소기업 기술개발

중소기업 기술개발을 위한 기술연구소 설립

연구원 3만 명 규모, 10년 내 고급 일자리 50만 개 창출

제조업 근로자의 70% 약 300만 명(2019년기준)을 고용하는 중소기업의 첨단 기술 개발을 지원하기 위해 독일 프라운호퍼기술연구소를 모델로 하는 연구원 3만 명 규모의 중소기업 기술지원연구소를 설립한다. 이는 한국의 중소기업들을 10년 이내에 첨단 기술 회사로 성장시켜 50만 개 이상의 고임금 고급 일자리를 창출하는 효과로 이어질 것이다.

일부를 제외하고 한국 중소기업의 기술 수준은 비교적 낮은 편이다. 이를 개선하기 위해 대규모의 연구 인력을 효율적으로 투입할 필요가 있다. 현재 이런 역할을 하는 생산 기술 연구원의 인력이 1000명 정도이나 독일의 경우 프라운호퍼연구소에서도 3만 명의 고급 기술 인력이 기업들을 위해 대단히 효율적인 방법으로 일하고 있다.

대기업의 기술개발은 충분한 인력과 자금을 갖춘 기술연구소가 회사 내에 있어 특별히 정부가 관여할 필요가 없다. 그러나 중소기업은 고급 기술자를 채용하기가 어려운 데다 세계적인 기술 동향이나 경쟁 업계의 정보를 얻기도 힘들고 자금도 부족하여 기술개발에 많은 어려움이 있다.

300만 명에게 일자리를 제공하는 중소 제조업에게 배정된 정부 예산은 연 1.8조 규모이다. 지원 예산과 지원 연구소 규모가 너무 빈약하며 운영 또한 체계적이지 못하다.

중소기업을 위한 정부 부분 기술 투자 비율 대폭 상향

한국의 GDP 대비 연구개발비(정부와 민간 합계)의 비율은 2019년 기준 89조 원(약 764억 달러)이다. GDP 대비 4.64%로 세계 2위 수준이다.

재원별로 보면 정부 공공 부분이 20조 원(21%), 민간 68.5조 원(77%), 외국 1.4조 원(1.6%)이다. 그중 대기업이 44.7조 원, 중견기업이 10조 원, 중소기업이 8조 원, 벤처기업이 8.6조 원이다. 연구원 수는 대기업 12만 3000명, 중견기업 5만 9000명, 중소기업이 10만 명, 벤처기업이 10만 명이다. 이 정부 부분 중 중소기업을 위한 투자비가 10%(1.8조 원)이다. 약 300만 명이 중소기업에 고용되어 있는 데 비해 중소기업에 투자되는 연구비 1.8조 원은 너무 적다고 할 수 있다.

국민의 다수가 고용되어 있는 중소기업을 위한 정부 부분 기술 투자 비율을 대폭 올리는 것이 형평과 국가정책에 맞을 것이다.

정부 부분 기술 투자의 효율성을 획기적으로 높일 필요

① 중소기업 연구개발(R&D, Research and Development) 예산의 수립과 분배는 과학기술정보통신부(구 미래창조과학부)가 책임 부서가 되어 정부 부처, 정부 출연 연구 기관, 대학교 연구소 관계자, 중소기업이 포함된 협의 기구를 통해 결정해야 한다.

과학기술정보통신부가 중소기업 기술개발 관련 예산을 각 부처로부터 받아서 직접 관리 운용해야 한다. 지금은 각 부처에서 예산을 만들어낼 경우 각 부처가 관리 운용하는데, 너무 많은 곳에서 비전문가가 관여하다보니 부실하게 관리된다. 이를 과학기술정보통신부에서 본업이 기술개발인 전담 공무원이 맡게 되면 더 효율적으로 관리될 수 있을 것이다. 타 부서의 담당 공무원은 기술개발이 본업이 아닌 경우가 많아 잠시 맡았다가 떠나게 되어 부실하게 관리되는 것이다. 한 부처에서 관리를 해야 권한과 책임이 분명하게 되어 효율성을 높일 수 있다.

② 중소기업을 위한 생산기술연구소를 재편하여 분명한 목표를 부여하고 실적을 측정하여 효율적이고 즉각적인 서비스를 가능하

게 한다. 독일의 프라운호퍼연구소와 같은 체제로 운영한다.

③ 연구소 연구원에게 실적에 따르는 인센티브제를 적극적으로 실시한다. 상한 금액 없이 지급하도록 하여 조직을 활성화함으로써 최고의 실적이 자동적으로 이루어지게 한다.

④ 연구소의 조직을 세분화(프라운호퍼연구소의 경우 70여 개의 연구팀)하여 연구원이 있는 지역(대학교)이나 수요자인 기업이 있는 지역에 설립하여 접근성을 높인다. 조직을 단순화하여 신속한 의사결정과 팀워크가 이루어지도록 한다. 생산성을 높이고, 실적 산정의 단위를 작게 만들어 인센티브제의 효과를 높이면서 연구소를 효율화한다.

⑤ 응용기술연구소를 기초과학연구소와 분리해야 한다. 그 이유는 한데 섞여 있으면 기업에서 쓰일 수 있는 연구 실적을 만들어내지 못해도 기초과학연구를 했다는 식으로 변명할 수 있기 때문이다. 업무를 배분할 때는 한 가지 일을 맡기는 것이 옳다. 여러 가지 일을 맡겨 성과 측정이 어렵게 되지 않도록 한다.

⑥ 연구 조직의 신설과 폐지를 쉽게 하여 시장 수요에 신속히 대응하게 한다. 실적이 없는 연구팀은 해체하고 소속 연구원은 다른 팀으로 보낸다. 새로운 수요가 있는 연구 분야는 신속히 연구팀을 구성한다.

⑦ R&D 투자와 사업화가 잘 연결될 수 있도록 특정 기술 또는 사업 영역에서 기업·대학·연구조직·금융계가 함께 연구개발과 사업화를 논의한다. 정부는 정리된 산업계 기술 수요를 R&D 관계 조직의 연구 과제에 반영한다.

⑧ 정부 부처에서 예산을 마련할 때 중소기업을 위한 것은 세부 연구 과제를 따로 만들지 말고, 중소기업을 위한 연구 투자비로 편성하여 응용기술연구소에 준다. 응용기술연구소의 재량으로 연구비를 사용할 수 있도록 하여 중소기업의 요구를 신속하게 만족시킨다.

⑨ 응용기술연구소의 장기 운용 계획이나 연구 목표 설정, 연구소 내 소연구 조직의 설립과 폐지, 연구 과제 선정 등을 결정하는 기구에 많은 관료가 들어가지 않도록 한다. 수요자인 기업 관계자를 더 많이 참여시키는 것이 중요하다.

⑩ 연구원이 행정 업무에 시간을 빼앗기지 않도록 연구소에 행정을 보는 인력을 확보해준다.

중소기업 기술개발의 문제점과 그 해결 방안

문제점

기술 인력 채용의 어려움과 고급 정보의 부족이 가장 큰 문제점이다. 우리나라 중소기업에는 우수한 기술 인력이 지원을 꺼려 기술개발에 많은 어려움을 겪는다. 대부분이 안정적인 대기업을 선호하기 때문이다. 작은 회사 규모로 인해 세계시장에서의 기술개발 동향, 경쟁 업체 정보, 시장 변화 등에 대한 고급 정보를 얻기 어려워 회사의 진로를 제대로 잡지 못하는 경우가 있다. 이와 같은 문제점으로 세계시장에서 경쟁력을 갖추어야 달성 가능한 중견기업으로 발돋움하지 못하는 중소기업이 많다.

정부의 기술개발 자금이 금융 지원(현금 지급) 형태로 기업에 제공되는 경우 자금 유용과 사후 관리에 상당한 어려움이 뒤따른다. 그로 인한 부실 운영 및 국가 예산 낭비도 문제점으로 지적된다. 정부의 기술개발 지원이 자금 지원 형태가 되어 사후 관리하는 조직이 정비되어 있지 않다. 자금 지원을 하는 정부 내 담당 부서가 너무 많아 이를 통제하고 관리하기가 힘들고, 금융기관도 인건비 부담 등으로 별도의 관리 요원이 부족한 실정이다. 이런 제도적인 문제점이 있어 이를 악용하려는 일이 발생하고, 자금을 유용하거나 낭비하는 사례가 일어났다.

해결 방안

독일의 프라운호퍼연구소를 벤치마킹하여 중소기업 기술개발연구소를 설립한다.

프라운호퍼연구소는 독일 전역에 75개의 연구소를 두고 있으며 2만 9000여 명의 직원이 연간 28억 유로(2020년 기준)의 예산으로 연구 활동을 수행하고 있다. 이 가운데 24억 유로 이상이 위탁 연구를 통해 발생되며, 민간 수탁 및 공공 과제의 비중이 전체 위탁 연구의 70% 이상을 차지하고 있다. 프라운호퍼연구소는 전 세계에 퍼져 있는 뛰어난 파트너들과의 협력을 통해 현재와 미래의 과학기술 및 경제 발전에 기여를 하고 있다.

프라운호퍼연구소의 재정 지원 모델은 정부 지원에 의존하는 막스플랑크연구소와 같은 기초 연구 기관들과는 다르다. 프라운호퍼연구소는 산업체 또는 기타 단체에서 대부분의 재정 지원을 받는다. 연구 주제는 건강·의료·안전·국방·정보통신·교통·물류·에너지 등 다양한 분야를 포함하고 있다.

독일에서는 중소기업이 개별적으로 소유할 수 없는 연구 인프라와 인력, 그리고 노하우를 프라운호퍼연구소가 제공하는 경우가 많다. 이런 점은 이들 중소기업이 세계적인 경쟁력을 갖추게 하는 데 중요한 역할을 한다.

우리나라에는 기초과학연구소, 대학기술연구소, 대기업기술연구소 등은 많지만 중소기업의 기술개발을 지원하기 위한 연구소는 미비한 편이다. 독일의 프라운호퍼연구소를 벤치마킹하여 우리 실정에 맞는 연구소를 만들어 중소기업 기술개발을 지원한다면 중소기업의 국제 경쟁력 확보에 큰 도움이 될 수 있다.

정부가 대규모 기술연구소를 설립하여 젊은 인력을 채용함으로써 안정적이지 못하다는 이유로 중소기업에 취업하기를 꺼리는 점을 해소시킨다. 중소기업과 젊은이들의 일자리 문제를 한꺼번에 해결할 수 있다. 중소기업은 뛰어난 인력으로 기술개발에 힘쓸 수 있어서 좋고, 젊은이들은 안정된 기술개발연구소에 취업할 수 있어 좋고, 정부는 연구원의 일자리를 많이 만들 수 있어서 좋다. 그리고 무엇보다도 국제 경쟁력을 갖춘 중소기업을 많이 육성할 수 있어서 좋다.

기술개발에 투입되는 자금은 상당 부분이 인건비로 지급된다. 그 투입된 자금이 기술로 바뀌어 기업들은 국제 경쟁력을 높인다. 이에 따라 일자리는 지속적으로 창출되는 바람직한 선순환의 구조가 이어지게 될 것이다.

중소기업 기술개발 연구소의 설립과 운용 방안

설립

- 독일의 프라운호퍼연구소를 벤치마킹하여 연구소를 설립한다.
- 연구소 산하에 분야별 또는 지역별 등의 소연구소를 둔다.

기술개발 계약 체결

- 연구소는 특정 기술개발을 기업으로부터 요청받아 계약을 체결한다.
- 연구소가 중소기업이 필요로 하는 기술개발 계획을 만들어 중소기업에 제안하여 계약을 체결한다.

연구소의 운용과 운영 비용

- 기업이 기술개발하는 비용을 연구소에 제공하고, 연구소는 기술개발을 해준다.
- 기업이 기술개발에 드는 비용의 일정 부분을 연구소에 낼 수 없을 경우 기업은 연구소에 주식이나 이익배당 등을 주는 방식을 택할 수 있다.
- 기업이 연구소에 주는 주식의 수는 투입될 예상 비용을 현재 주식 총 평가액의 3분의 1정도로 정할 수 있다. 이익배당율 또한

같은 방식으로 산정할 수 있다. 연구소는 경영에 관계하지 않으나 기업은 매년 발생하는 이익을 배당해야 한다.

• 기업에 투입된 돈을 회수하지 못하는 경우가 발생할 수 있기 때문에 주식이나 이익배당을 통해 회수율을 높이는 것이 좋은 방안이 될 수 있다.

• 기업은 연구소에 기술개발 요청을 서면으로 하고, 연구소는 기업의 요청이 타당하다고 판단되어 추가 재원이 필요할 경우 정부 기관에 승인을 받아 해당 금융기관으로부터 대출을 받는 방법도 사용할 수 있다. 정부의 관련 기관은 연구소의 요청이 있는 경우 은행이 요구하는 손실보험증권 발행 비용을 부담한다.

• 연구소는 장기적으로는 기업으로부터 받는 연구비·이익배당금·취득 주식 등으로 운영하게 하고, 정부 지원금은 독일 프라운호프연구소처럼 30% 정도로 낮추도록 노력한다.

• 연구소는 자체 인력을 기업에 파견하여 일하게 할 수 있고, 기업의 요청과 연구원의 동의가 있으면 연구원을 기업 소속으로 돌릴 수 있다. 그 반대로 기업으로 자리를 옮겼던 연구원을 다시 받을 수도 있다.

정부의 지원 비용

연구소에 3만 명이 고용된다고 가정하자. 1인당 월평균 700만 원의 비용과 연구비 500만 원이 든다면 1년 소요 비용은 4.3조 원이다.

[3만 명×700만 원×12개월+3만×500만 원×12개월=4.3조 원]

이 가운데 기업이 부담하는 부분이 30%라면, 70%가 정부로부터 지원을 받게 되며, 연간 약 3조 원의 예산이 필요하게 된다. 독일의 프라운호프연구소처럼 차츰 민간 위탁이 늘어날 것을 예상할 수 있다.

연구소의 건축 및 시설비

가능하면 기존 건축물과 기존 연구소를 이용하도록 한다. 꼭 필요한 부분만 연차 계획에 따라 건축하고 시설한다.

운용 기대 효과

10년 내 강소중견기업에서 50만 개의 일자리 창출

10년 안에 많은 강소중견기업이 탄생되고, 50만 개의 일자리가 만들어질 것이다. 중소기업 기술개발에 고급 기술자 3만 명이 투입되어 효율적으로 운용이 되면 10년 이내 우리나라 중소기업들이 세계적으로 경쟁력 있는 강소기업으로 많이 바뀌어 높은 급료를 줄 수 있는 일자리가 많이 만들어질 것이다.

정부 기술 예산의 확실한 관리 시스템으로 낭비 없는 사용

기술개발 자금이 현금으로 지급되지 않고 연구소의 연구개발비나 파견 연구원의 소요 비용으로 지급되기 때문에 낭비 없는 사용이 보장된다.

중소기업 기술개발의 확실한 실현

3만 명의 연구 기술 인력이 중소기업 기술개발 연구에 투입된다면 많은 중소기업이 국제 경쟁력 있는 중견기업으로 성장할 수 있다. 독일과 일본처럼 중소기업이 경제의 중추적인 역할을 하는 명실상부한 선진국으로 발전해나갈 것이다.

2019년 현재 중소기업과 벤처기업 연구 인력은 약 20만 명이다.

좋은 일자리 대규모 창출

연구직의 좋은 일자리가 확실하게 창출된다. 또 그 일자리에 의해 만들어진 기술로 중소기업이 더 많은 사람을 고용하게 되는 선순환 구조를 만든다.

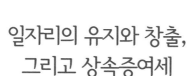

일자리의 유지와 창출, 그리고 상속증여세

일자리 유지와 창출을 막는 높은 기업 상속증여세

기업 상속증여세, 선진국 중 가장 높은 세율

한국의 높은 기업 상속증여세는 국민의 일자리 창출과 유지를 크게 저해하고 있다. 일자리를 유지하고 창출하기 위해 기업 상속증여세를 OECD 경쟁국 수준으로 대폭 낮추거나 자본이득세로 바꾸어야 한다. 선진국 중 가장 높은 세율이다. 공제 조건도 매우 어렵게 되어 있어 아주 낮은 이용률을 보이고 있다.

그러나 징수되는 기업 상속증여세는 국가 세수입의 1~2% 정도밖에 되지 않는다. 이 세수입을 위해서 잃는 기업 일자리, 자본유출, 기업가의 의욕 상실, 상속 문제 해결을 위한 기업 활동 위축 등의 부작용으로 인한 경제적 손실액은 국가 세수입 1~2%의 10배 이상이 될 것으로 보인다.

특히 대기업들의 상속세가 커서 대기업들은 대부분 주인 없는 회사가 될 것이다. 경험적으로 볼 때, 주인 없는 기업은 과감한 투자 결정이 이루어지지 못해 지금과 같은 급격한 기술혁신 시대에는 경쟁력을 잃게 된다. 주인 있는 회사가 주인 없는 회사보다 훨씬 더 효율적으로 잘 운영된다.

또한 기업 상속증여세가 낮거나 없으면 해외에서 한국으로 많은 자본이 유입되어 국민 일자리 창출에 큰 도움이 될 것이다.

한국의 과도한 상속세를 OECD 국가 평균 수준으로 낮추거나 폐지하여 일자리를 늘리고, 애착을 가진 주인이 기업을 계속 갖게 하여 지속적으로 발전하게 유도해야 한다. 국부國富가 유출되지 않게 하고, 오히려 해외의 부富가 한국으로 유입되게 하며, 기업가들이 자신의 가업이 대를 이을 수 있어 더욱 의욕적으로 일하게 해야 한다. 내가 몸담았던 현대그룹의 정주영 회장님은 자신이 만든 회사를 늘 자식같이 생각한다고 말했다. 다른 기업가도 마찬가지일 것이다. 한평생 갖은 고생과 노력으로 일구어낸 회사가 대를 이어 존속하기를 모든 기업가는 바랄 것이다.

한국의 상속세율은 최고 50%인데, 대주주의 경영권 승계에 대해서는 할증(30%)이 붙어 최고 65%에 이른다. 이는 OECD(경제협력개발기구) 평균(26%)의 2배보다 높고 일본과 대만을 능가하는 세계 1위다. 이 규정을 지킨다면 창업한 할아버지가 1조 원어치의 지분을 남겼을 때, 아들은 세금(6500억 원) 납부 후 3500억 원어치를 넘겨받는다. 기업 규모가 계속 동일하다고 가정할 경우, 손자의 수중에는 상속세(2270억 원)를 낸 다음 1230억원어치의 지분만 남는다. 3대 만에 100%이던 지분이 10%대가 되는 것이다.

과도한 상속세는 폐해가 크다. 무엇보다 대기업은 물론 경쟁력 있는 명문 중견·중소기업들의 명맥이 끊어진다. 최근 상속세 부담 때문에 경영권을 팔고 사라진 우량 기업들이 이를 잘 보여준다. 쓰리세븐(손톱깎이 세계 1위), 농우바이오(종자 기술 국내 1위), 유니더스(국내 최대 콘돔 제조), 락앤락(밀폐 용기) 등이 이에 해당된다. 일부 기업들이 비상장사非上場社를 세워 계열사 일감을 몰아주거나 적정 가격 이상의 대가를 지급하는 등의 문제는 결국 고율高率의 상속세 때문이다. 기업을 키울수록 공제 혜택이 줄고 자기 주주 지분이 급격히 줄어 경영권 승계가 더 어렵게 된다. 그런데 여기에다 상속세도 징벌에 가까울 정도로 높으니 경영권 승계가 어렵게 되고 진취적인 기업가 정신도 없어진다.

상속세는 이중과세적인 성격이 있다. 즉, 소득세를 다 내고 아껴서 쌓아놓은 재산을 자식에게 물려줄 때 상속세라는 명목으로 다시 과세를 하는 것이다. 반면에 어떤 사람이 자기 재산을 다 써버리면 상속세를 내지 않는다. 이는 합리적이지 못하며 국가 부의 축적을 어렵게 하는 일이다.

세계적인 가전업체인 독일 밀레Miele사의 진칸Reinhard Zinkann 회장은 "한국의 최고 세율 50~60% 상속세는 경영 승계를 하려는 기업인 입장에서 치명적인 것"이라며 "가족 사업을 토대로 전체 기업의 80%에 달하는 강한 중소기업을 가진 독일에 한국 제도가 적용되면 기업 생태계가 파괴될 것"이라고 지적한 바 있다. 그는 기업에 혜택을 주는 대신 고용 창출을 비롯해 국가의 부에 기여할 수 있도록 해야 한다고 역설했다. 또 진칸 회장은 "사업적인 자산은 사업개선과 고용 유지 차원에서 접근해야 한다. 상속세를 감면하는 대신 고용 의무와 사업 유지 의무를 제시하면 국가 차원에서도 훨씬 이익" 이라고 덧붙였다.

상속증여세, 농경시대에나 맞는 제도

상속증여세는 부의 재분배를 위해 필요한 제도라는 인식이 있는데, 이는 농경시대에 맞는 제도이며 실제 산업사회에서는 부의 재분배에 별 도움이 되지 못한다. 오히려 일자리를 줄이거나 새로운 일자리 창출을 방해하는 기능을 하고 있다.

농경사회에서 부자는 새로운 부인 신규 토지의 증가를 낳지 못하고 달리 부를 축적할 수단이 없어서 기존의 생산수단인 토지를 사들여 자영농을 소작농으로 만들거나 임금 농민으로 만들 수밖에 없었다. 이로써 계급 간의 마찰을 일으키면서 국가 전체의 부, 즉 토지 증가에는 기여하지 못했다.

반면 산업사회에서는 토지에서 생산하는 농축산물보다는 공장이나 사무실에서 생산하는 상품이나 서비스가 절대적으로 크다. 산업사회에서 부자의 새로운 부는 새로운 재화를 생산하는 공장을 짓거나 그것을 만드는 자금을 공급하여 일자리를 늘이고 국민 전체의 소득을 높이게 된다.

노동조합이 결성되면서 노동삼권이 인정되고, 부자에게 세금을 물리거나 회사에 법인세를 부과함으로써 가난한 자에게 기본적 생활을 보장해주는 사회보장제도가 발달해갔다. 현대의 복지자본주의 국가에서는 부가 덜 가진 자에게 불리한 것이 아니라 유익하게 작용하는 것이다.

상속증여세는 부의 재분배에 별 도움이 되지 않는다

2016년에 부과된 상속증여세는 5.7조 원이며 2019년에 부과된 상속증여세는 8.2조 원이다. 이를 조세 총수입 중 차지하는 비율로 보면 2016년 1.8%, 2019년 2.2%이다. 국민총소득 중 차지하는 비율로 보면 2016년 0.3%, 2019년 0.4%이다. 이것을 한국 총국부(2019년 기준 1경 6627조 원) 중 차지하는 비율로 보면 2019년 0.05%이다.

한국의 경제 규모와 축적된 부의 규모는 위와 같은 수치가 보여주듯이 상당히 커서 상속증여세 8조 원은 0.05%의 부의 재분배효과가 있다. 이 수치가 말하듯이 상속증여세는 부의 재분배에 거의 역할을 하지 못한다.

조봉현 IBK경제연구소 부소장은 "상속제도 유연화를 통해 독일은 일자리 창출을 비롯한 세수 증대, 경제성장 등 여러 효과를 누릴 수 있었다"면서 "매년 13만 명의 일자리가 유지되었다"고 분석한 바 있다.

중소기업중앙회와 파이터치연구원은 〈상속세 감면에 따른 경제적 파급 효과〉라는 연구 보고서에서 '기업 상속세율을 50% 인하하면 일자리가 26만 7000개 창출되고 기업 매출액이 139조 원 늘어난다'고 발표했다.

한국과 외국의 상속세 비교

2021년 기준 OECD 회원국 38개국 중 상속 관련 세금을 부과하는 국가는 미국·영국·프랑스·독일·일본·한국 등 24개국이고, 상속세를 부과하지 않는 국가는 14개국이다. 이 가운데 한국의 상속세는 OECD뿐만 아니라 세계 최고 수준이다.

한국의 상속세율은 소득세율과 더불어 세계 주요국 기업의 실제 상속세 부담(실효 세율) 면에서 46~253% 높다.

한국경제연구원 보고서는 18조 2000억 원(고 이건희 삼성전자 회장의 삼성그룹 주식 가치)의 상장 주식을 직계비속에게 상속한 경우의 실제 상속세 부담을 OECD 주요국들과 비교했다. 이에 따르면 우리나라 상속세 실효 세율이 58.2%로 가장 높고, 일본 55.0%, 미국 39.9%, 독일 30.0%, 영국 20.0% 순으로 나타났다. 자본이득세 과세 국가 중 캐나다는 상속 시 16.5%의 실효 세율을 부담하고, 호주와 스웨덴은 상속 받은 자산을 추후 처분할 때까지 과세가 이연되는 자본이득세(승계취득과세) 체계를 적용하고 있어 상속 시 과세되지 않는다. 스웨덴 방식의 자본이득세는 보유한 자산, 특히 주식을 팔 때까지 세 부담이 미뤄지기 때문에 기업 오너 일가가 경영권을 유지하기 위해 편법 상속에 나서는 폐해를 줄일 수 있다.

OECD 주요 국가의 소득세 및 상속세 최고 비율

국가	소득세	상속세	국가	소득세	상속세
오스트리아	55.0%	없음	칠레	35.0%	25.0%
네덜란드	51.8%	20.0%	멕시코	35.0%	없음
벨기에	50.0%	30.0%	캐나다	33.0%	없음
이스라엘	50.0%	없음	뉴질랜드	33.0%	없음
슬로베니아	50.0%	없음	폴란드	32.0%	7.0%
포르투갈	48.0%	없음	아이슬란드	31.8%	10.0%
일본	45.0%	55.0%	라트비아	31.4%	없음
프랑스	45.0%	45.0%	핀란드	31.3%	19.0%
그리스	45.0%	20.0%	덴마크	27.2%	15.0%
독일	45.0%	30.0%	리투아니아	27.0%	없음
호주	45.0%	없음	스웨덴	25.0%	없음
영국	45.0%	40.0%	슬로베키아	25.0%	없음
이탈리아	43.0%	4.0%	노르웨이	24.1%	없음
한국	42.0%	50.0%	스페인	22.5%	34.0%
아일랜드	40.0%	33.0%	에스토니아	20.0%	없음
룩셈부르크	38.0%	없음	체코	15.0%	없음
미국	55.0%	없음	헝가리	15.0%	없음
터키	51.8%	20.0%	스위스	11.5%	7.0%

주요국 기업 승계 시 실제 상속세 부담액 비교

구분	상속세 과세					자본이득세 과세	
	한국	미국	일본	독일	영국	캐나다	호주/스웨덴
과세 대상	18.2조 원× (최대주주 할증평가 20%) 21.8조 원	18.2조 원				18.2조 원	
공제	30억 원 (인적공제 최대액)	131억 원 (통합공제 1158만 달러)	5억 8000만 원 (기초공제 5400만 엔)	• 22.6억 원 인적공제 170만 유로) • 3억 8000만 원 (특별생계공제 28만 6900유로)	• 4억 8000만원 (비과세 부분 32만 5000파운드) • 사업자산공제 50%	과세 포함률 50%	—
적용 세율	50%	40%	55%	40%	40%	33%	—
총 세액	10조 9180억 원 - 3275억 공제 (신고세액 공제 3% 적용) = 10조 5905억 원	7조 2747억 원	10조 96억 원	5조 4592억 원	3조 6399억 원	3조 30억 원	추후 상속인이 처분 시 과세
실효 세율	58.2%	33.9%	55.0%	30.0%	20.0%	16.5%	—

자료 : 한국경제연구원

이 계산에 따르면 고 이건희 회장의 유족이 우리나라에서 주식을 상속 받을 경우에는 10조 5900억 원을 상속세로 내야 하는데, 만약 미국에서 상속이 이루어졌다면 7조 3000억 원을 내면 된다. 독일은 5조 5000억 원, 영국은 3조 6000억 원 수준이다. 호주, 스웨덴은 상속받은 사람이 주식을 처분할 때 과세하기 때문에 당장 내는 상속세는 0원이다. 한국경제연구원 임동원 부연구위원은 "위 사례를 보면 우리나라 상속세 부담이 주요국보다 46~253% 높은데, 미국 46%, 독일 94%, 영국 191%, 캐나다 253%만큼 각각 더 높아 우리나라는 현재 징벌적인 상속세가 기업에게 사망선고처럼 과세되고 있다"고 지적했다.

독일의 가업 상속 활용 연간 1만 7000여 건

어느 국가나 상속증여세가 전체 세수에 차지하는 비중은 크지 않다. 총 조세 수입 대비 상속증여세 수입 비중은 2019년 기준 일본 1.3%, 미국 0.5%, 독일 0.5%인데 한국은 2.2%로 OECD 37개국 중 1위다. OECD 평균은 0.4%다. 그렇다면 상속세가 55%인 일본, 40%인 미국·영국 등은 어떻게 견디는가?

미국은 비영리 재단에 기부할 경우 상속세가 없어 재단을 통해 기업의 경영권을 물려받을 수 있다. 워런 버핏과 빌 게이츠, 조지 소로스 등은 모두 자선 재단을 소유하고 있다. 록펠러재단과 카네기재단도 같다. 한국에서는 공익 재단에 기부도 어렵고 기부하면 의결권이 제한돼 공익 재단을 활용한 상속세 회피는 불가능한 실정이다.

다른 방법은 차등의결권 주식 활용이다.

포드 가문은 1주당 16개의 의결권을 행사할 수 있는 클래스 B 주식 대부분을 직접 소유하고 있다. 이를 매각할 경우 최우선적으로 포드 가문의 일원에게 매각해야 한다는 협약을 이행하고 있는 상황이다. 또 매물로 나온 주식을 매입해 보유할 수 있는 신탁 펀드도 운영 중이다. 하지만 한국은 차등의결권제도 자체가 없다.

일본은 공익법인이 상속 또는 유증에 의해 취득한 재산으로 해당 공익을 목적으로 하는 사업에 제공하는 것이 확실한 경우 그 재산의 가액은 상속세 과세가액에 산입되지 않는다.

예컨대 게임으로 유명한 코나미의 경우 창업자인 고즈키 가문이 고즈키홀딩스와 고즈키재단을 통해 회사를 실질적으로 지배하고 있다. 상장 회사 주주 중 주식을 1조 원 이상 보유한 공익법인 수는 한국은 2개 사뿐인데 일본은 95개 사에 이른다. 여기에 일본은 비상장 중소기업의 기업 승계 지원 제도인 '경영승계원활화법'을 통해 친족 이외의 후계자도 회사 주식을 시가보다 싸게 인수할 수 있도록 했다. 특히 상속세 공제를 받기 위해 상속·증여 후 5년간 고용을 '매년 80% 이상' 유지하도록 완화했다.

독일은 가업 상속 제도 활용이 활발하다. 연평균 1만 7000여 건, 액수로도 연간 55조 원에 달한다. 본래 독일의 상속세는 30%이지만, 상속 재산이 기업일 경우 상속 재산이 350억 원까지는 가업 승계 후 7년간 자산을 유지하고 급여 총액의 평균이 승계 당시 급여 총액보다 감소되지 않아야 한다는 의무 요건을 지키면 상속 재산의

100%가 공제된다. 기업을 죽이는 것보다 상속받은 기업을 계속 운영해 고용을 유지하도록 해 법인은 법인세, 근로자는 근로소득세를 납부할 경우 이 방법이 국가 세수 증대에 효과적이라는 분석에 따른 것이다.

프랑스와 벨기에, 일본 등도 가업 상속 시 일정 기간이 지나면 세금을 면제해주거나 큰 폭의 세금 공제 혜택을 부여한다.

스웨덴식 자본이득세, 독일식 기업 상속 제도로 변경

장기적으로 기업 승계 장애 요인인 상속세를 스웨덴식의 자본이득세나 독일식의 기업 상속 제도로 변경하는 것이 일자리 창출과 국민소득 증대를 위해 필요하다.

기업 승계가 단순한 부의 대물림이 아니라 기업의 존속 및 일자리 유지를 통해 국가 경제성장에 기여할 수 있는 수단이라는 것을 간과하지 말아야 한다. 기업 승계가 기업과 국가 경제 지속성에 미치는 영향을 고려할 때 관련 상속 세제는 개편되어야 한다.

스웨덴처럼 상속세를 폐지한 나라의 경우, 우리나라의 양도소득세 개념인 자본이득세가 상속세를 대신하고 있다. 쉽게 말해 상속받은 재산을 물려받을 때가 아니라 추후 처분할 때 차익에 한꺼번에 세금을 매기는 방식이다.

자본이득세는 자본자산의 매각에서 발생하는 이득과 손실에 대한 조세이다. 자본자산이란 1년 이상 보유하는 부동산·주식·채권·파트너 지분·기업·특허권 등을 말하며, 이를 팔아서 생기는 이득에 대해 세금을 물리는 것이다.

가령 애초 10억 원에 산 아파트를 20억 원에 상속받은 뒤 50억 원에 판다고 가정해보자. 스웨덴의 경우 상속인이 아파트를 판 가격(50억 원)에서 피상속인이 처음 산 가격(10억 원)의 차이인 40억 원에 대해 상속인에게 자본이득세를 매긴다.

스웨덴 방식의 자본이득세는 보유한 자산, 특히 주식을 팔 때까지 세 부담이 미루어지기 때문에 기업 오너 일가가 경영권을 유지하기 위해 편법 상속에 나서는 폐해를 줄일 수 있다. 상속할 때와 처분할 때 각각 세금을 매기는 방식보다 과세 체계가 더 단순하다는 장점도 있다.

최저임금의 재조정과 차별화

최저임금의 지역·연령·업종·규모·내외국인별 재조정과 차별화가 필요하다.

좌파 정권의 급속한 최저임금 상승 정책과 최저임금을 계산할 때일하지 않아도 급여를 주는 주휴週休 수당 시간을 포함하도록 한 최저임금법 시행령 조항으로 일자리가 100만 개 이상 사라졌다. 결과적으로 저소득층이 더욱 가난해지게 된 것이다.

높은 임금을 지불할 수 있는 대기업과 중견기업의 근로자들에게는 도움이 되지만, 중소기업과 600만 명의 자영업자와 자영업자들에 고용된 근로자들 중 많은 사람들은 직장을 잃게 되었다. 미숙련공, 미취업자들에게는 더 큰 고통이 되었다. 가난한 자를 더욱 가난하게 만들었다.

2019년 전체 근로자의 16.5%인 338만 명이 법에서 정한 최저임금도 받지 못했다. 임금은 생산성을 반영하는 것이 대원칙이다. 업종별·지역별·규모별 생산성을 도외시한 임금 체계는 지속 불가능하다.

미국·일본·독일·캐나다 등 주요 선진국은 물론이고 중국 또는 베트남·태국 등 개발도상국들도 자국 사정에 맞추어 최저임금을 차등한다. 산업 구조가 한국과 비슷한 일본에는 지역별·업종별 최저임금 종류가 240개에 달한다. 우리는 1988년 제조업을 그룹별로 나누어 최저임금 차등제를 시행해본 경험도 있다.

좌파 정부는 없어진 일자리를 숫자로 말하지만, 일자리를 잃은 사람은 그의 가족 전체가 생활의 기반을 빼앗기게 된다. 그들을 고통과 실의 속에 지내게 만든 것이다. 누가 이런 가혹한 행위를 국민들에게 강요할 수 있나? 있을 수 없는 일이지만, 한국의 헌법과 법률은 언제든지 어떤 제도도 대통령이 강행할 수 있게 되어 있다. 헌법과 법률을 고쳐야 그런 일이 없어진다.

최저임금 재조정과 차등화 정책을 도입하여 잃어버린 일자리 100만 개를 다시 찾아와야만 한다.

전국 임도 개방으로 산을 관광자원화

우리나라는 국토의 70%가 산으로 둘러싸여 있다. 거기에는 수많은 임도林道가 놓여 있다. 이를 개방하고 각 지역의 실정에 맞추어 케이블카를 설치하는 등 다양한 방식으로 개발하여 산을 관광자원화해야 한다.

코로나 사태로 해외 관광이 어려워졌으며 상당 기간 지속될 전망이다. 이에 국내 관광 자원을 적극 개발하면 시민들에게 휴식처를 제공하는 동시에 많은 일자리까지 만들어낼 수 있다.

1984년도에 스위스를 여행한 적이 있다. 관광열차를 타고 융프라우 산정을 오르면서 옆자리에 있던 스위스인에게 물었다.

"이 아름다운 자연에 기찻길을 놓고 터널을 뚫고 케이블카를 설치하는 데 반대하는 시민운동이 없었는가?"

그러면서 한국에서는 자연보호 단체들이 반대에 부딪혀 케이블카 하나도 설치하기 어렵다고 말했다. 평범해 보이는 스위스인이 나의 물음에 답했다.

"자연은 누구나 즐길 수 있어야 한다. 어린이, 젊은이, 노인, 장애인, 그리고 시간적 여유가 없는 이 등 모든 사람이 즐길 수 있어야 한다. 이 아름다운 자연을 다리 튼튼한 사람만 올라갈 수 있어서는 안 된다. 그래서 젊은이는 등산로를 따라 걸어가고 노약자는 열차나 케이블카를 타고 갈 수 있게 했다. 어느 누구도 자연을 즐길 수 있어야지 가볼 수 없는 자연이 무슨 의미가 있겠느냐?"

그때 들은 평범한 스위스인의 지혜로운 말은 지금도 생생히 기억된다.

그 스위스인의 말대로 우리나라의 아름다운 자연은 내국인이든 외국인이든 남녀노소 모두가 즐길 수 있게 개발되어야 한다. 설악산의 케이블카 설치가 수십 년간 자연보호 단체와 반대 시민들에 의해 이루어지지 않고 있다. 케이블카 설치는 거의 자연을 손상시키지 않는다. 왜 노약자나 일상이 바쁜 관광객들은 설악산을 편히 감상할 수 있는 기회를 가질 수 없어야 하나?

만약에 우리나라와 같이 자연보호를 이유로 스위스가 케이블카나 산악열차, 산정의 커피숍 등을 설치하지 못했다면 적어도 관광사업의 30% 이상은 줄어들었을 것이다.

경치가 좋은 곳은 케이블카나 산악열차 등을 설치하여 많은 관광객을 유치하면 지역의 관광 수입을 올릴 수 있을 뿐더러 일자리도 창출된다. 입으로 외친다고 해서 하늘에서 일자리가 뚝 떨어지는 것이 아니다.

무려 70%에 이르는 우리의 산지는 제대로 활용되지 않고 있다. 전국의 산림을 관리하기 위해 개설된 도로가 2020년 말 현재 2만 3000킬로미터이고, 2030년까지 2만 킬로미터가 증설될 예정이다. 이 임도들은 차가 다닐 수 있는 도로여서 도보 여행과 등산하기에 매우 편리하고 안전하다. 그리고 모두 큰길과 연결되어 있어 자동차 여행도 용이하다.

임도 주위는 대부분 아름다운 풍경이 널려 있어 임도를 체계적으로 개방하여 시민들의 휴식 공간으로 만든다면 엄청난 관광자원이 될 것이다. 현재는 산불예방을 위해 계절별로 상당 기간 폐쇄하여 다닐 수 없게 되어 있다. 임도에는 걷기 위한 시설도 갖추어져 있지 않다. 비상 연락 수단이 없어 사고의 위험성도 있다. 이를 보완하여 임도를 개방해야 한다. 임도 이용객을 위한 다양한 시설을 갖추면 많은 훌륭한 관광자원이 될 것이다.

또 개발된 임도를 중심으로 다양한 지역별 행사도 마련할 수 있다. 예컨대 전국 임도 완주하기, 전국 연결 임도 코스 개발, 산림 숙소 및 야영장 등 휴식 시설 개발, 목공소 및 바위 타기 같은 취미 모임 유치, '지구 한 바퀴' 또는 '지구 반 바퀴' 등의 행사 들을 기획할 수 있다. 임도 등산객의 안전을 위해 보급형 위성 추적 장치를 출입구에서 지급해 만일의 사고에 대비해 안전 관리 시스템을 확보한다. 아름다운 우리 산지는 국내뿐 아니라 세계인의 명소로 승화되어야 한다.

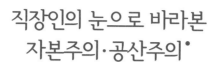

직장인의 눈으로 바라본
자본주의·공산주의*

젊은 사람들 가운데 공산주의에 심취되어 있는 이들이 있다는 것을 신문 지상을 통해서 알게 된다. 사상적인 혼미를 극복하지 못하는 그런 젊은이들을 볼 때 매우 안타까움을 느낀다. 시판 중인 공산주의 관련 책들의 기본적인 방향은 공산주의자가 주장한 이론에 치중되어 있는 것 같다.

직장 생활을 통해 사회를 체험하는 사람의 눈으로 공산주의 체제와 자본주의 체제를 비교해보기로 한다. 이 글이 일부 젊은이들이 겪고 있는 사상적 혼돈을 극복하는 데 조금이라도 도움이 되었으면

● 이 글은 이념 논쟁이 한창이던 1988년 무렵 현대건설 감사실 실장으로 근무하던 필자가 당시 사우지 《현대現代》의 사원 논단에 기고했던 원고를 일부 다듬은 것이다. 그로부터 30여 년이 지난 오늘, 당시 대학생 중에는 상당수가 정계에 진출해 있다. 오늘의 사회 문제와 이어지는 내용일 수 있어 옮겨본다.

하는 바람이다.

젊은 학생들에게 먼저 말해주고 싶은 것은 너무 성급하게 자신의 사상이나 주의를 단정하지 말라는 것이다. 여러 종류의 책을 많이 읽고, 교수들의 가르침을 많이 받고, 앞서 사회에 진출한 선배들의 체험적인 이야기도 많이 들어보는 것이 무엇보다 중요하다. 그런 뒤 사회 경험을 거칠 때 제대로 된 판단을 할 수 있겠다.

환상 사회와 현실 사회에 대한 이해

20대의 대학생들 가운데는 공산주의에 관심을 가지거나 심취하는 이들이 있다. 그런데 그중 상당수가 사회생활을 시작하고 30대가 되면 공산주의의 문제점을 깨닫는다. 사회생활의 체험을 통해 20대 무렵의 오류를 스스로 느끼고 쓸데없이 시간 낭비를 했다고 생각하게 되는 것이다.

왜 대학을 졸업하고 사회에 나가면 과거의 이상주의를 잊어버리거나 거대한 자본주의 사회의 일원으로서 동화되고 마는 것일까? 결혼을 하고 처자식의 생계를 책임져야 하기 때문에 비겁하게 여겨지더라도 이상주의를 버릴 수밖에 없다고 생각하는 학생도 있을 것이다. 아니면 많든 적든 자신의 재산을 모으면 자본주의 사회의 혜택을 받는 집단에 속하기 때문에 지난날의 이상주의를 포기하는 순수하지 못하고 부도덕한 인간으로 변신해버린다고 생각하는 학생도 있을 것이다.

정말 그러한 이유 때문에 많은 선배들이 한때 가졌던 소위 이상

정치, 이렇게 하면 초일류 된다

주의와 평등주의를 포기하는 것일까? 아니다. 선배들이 사회에 나가 현실 인간에 대해 이해하고 현실 사회 구조에 대해 이해했기 때문에 한때의 생각이 오류였음을 체득하게 되는 것이다.

'열심히 일하라!', 구호가 없는 사회와 있는 사회

인간은 일차적으로 자신이나 자기 가족의 이익을 위해 일하게 된다. 자기가 가진 능력만큼, 자기가 기울인 노력만큼 금전적 또는 명예적 보상이 주어져야만 열심히 일하는 것이 인간의 본성이다.

인간을 완전히 이타적인 인격체로 만들 수 있다는 가설하에서 나온 '능력에 따라 일하고 필요에 따라 분배 받는' 고도의 사회주의적 윤리에 의해서는 대부분의 사람이 절대로 자신의 능력만큼 일하지 않는다.

개개인이 능력만큼 일하지 않기 때문에 그 사회가 가진 능력만큼 생산성을 발휘하지 못한다. 따라서 개개인은 필요한 만큼의 분배를 받을 수 없다. 일하지 않으면 그만큼의 손해가 돌아가도록 하면 되지 않겠느냐고 생각할 수 있지만, 그렇게 하면 일을 하지 않는 본인에게만 손해가 생기는 것이 아니라 사회 전체가 손해를 입게 된다. 그러므로 모든 구성원이 자발적으로 열심히 일하도록 격려하는 사회제도가 되어야 하는 것이다.

자본주의 사회에서는 '열심히 일하라'라는 구호를 찾아볼 수 없다. 하지만 공산주의 사회에서는 '열심히 일하라'라는 선전 활동이 엄청나게 일어나는 것을 보면 자발적으로 능력껏 열심히 일하지 않는다는 것을 역설적으로 알 수 있다. 가만히 내버려두어도 능력껏 열심히 일하게 되는 제도가 가장 바람직하다.

행복은 정신과 신체의 자유에서부터

인간은 신체적으로나 정신적으로 자유롭기를 원하는 본성을 갖고 있다. 타인으로부터 부당한 간섭이나 불필요한 규제를 본능적으로 싫어한다. 또한 자신의 생각을 자유롭게 이야기하고 발표할 수 있기를 원한다. 전자가 신체적 자유에 해당한다면 후자는 정신적 자유에 해당한다.

어떤 사상을 자의로 선택할 수 없는 사회제도는 결코 바람직할 수 없다. 창작 활동 또는 예술 활동 등을 제약받는 것은 표현의 자유를 침해당하는 일이다. 여행을 제한당하거나 행사에 강제로 동원되는 것은 신체의 자유를 구속받는 일이다. 사회제도는 이러한 인간의 본능을 기본적으로 만족시켜주는 방향으로 갖추어져야 한다.

능력이 뛰어난 사람은 원하는 대로 일하면 그만큼의 대가와 보상을 가져갈 수 있어야 한다. 그것을 사유재산으로 소유할 수 있고, 그것을 자유롭게 사용할 수 있어야 한다. 생각과 사상을 자유롭게 발표할 수 있고, 정신이나 신체가 원하지 않는 간섭으로부터 자유로울 때 그는 행복해질 수 있는 것이다.

사회제도는 이러한 인간의 본성을 기본으로 하여 만들어져야 한다. 이 본성대로 열심히 살아갈 때 사회가 발전하게끔 제도를 갖추는 것이 중요하다. 아울러 그 부작용을 최소화할 수 있도록 제도를

정치, 이렇게 하면 초일류 된다

보완해나갈 필요가 있을 것이다.

이러한 인간의 본성 또는 본능을 잘못 파악하거나 무시하고 만들어진 사회제도 안에서 인간은 절대로 행복해질 수 없으며 수많은 부작용이 나올 수밖에 없다.

자본주의와 공산주의의 장점과 단점

돈내기와 날일

자본주의 사회에서는 생산수단과 재산의 사유, 능력과 노력에 따른 배분으로 인해 각자 능력껏 열심히 일하여 국민소득이 높아진다. 즉, 자본주의 사회에서는 사유재산이 인정되고 자신의 재산을 가지고 직접 생산 활동을 할 수 있으며, 여느 기업이나 은행에 투자하여 이윤이나 이자 수입을 얻을 수 있다. 또한 그렇게 얻은 재화를 자유롭게 처분할 수 있어서 모두가 열심히 머리를 싸매고 노력하므로 생산성이 올라가고 전체 소득이 올라간다.

그러나 공산주의 사회에서는 극히 일부분의 사유재산밖에 인정되지 않기 때문에 자신이 노력한 대가를 어떤 형태로의 재산으로 바꿀 수 없게 된다. 개인의 능력이나 노력만큼 배분되지도 않으므로 일하고 싶은 의욕은 떨어진다. 남달리 노력하지 않는 적당주의는 지적 욕구도 떨어뜨려 사회 전체 구성원이 갖고 있는 실제 능력 이하로 발휘되기 때문에 국민소득이 낮아질 수밖에 없다.

건설 현장에서 돈내기 방식으로 작업을 맡기면 사람들이 머리를 써가며 열심히 일하는 것을 볼 수 있다. 그와 달리 하루에 얼마씩 일당제로 지급하는 날일로 작업을 맡기면 낮은 능률을 나타낸다. 두 방식이 심하면 다섯 배까지 생산성의 차이를 보일 때도 있다. '돈내기'는 일정한 작업에 대해 품삯을 미리 정해서 일하는 방식이고, '날일'은 일당제로 하는 일을 말한다.

열심히 일하는 사람이 많은 자본주의 사회가 그렇지 않은 사람이 많은 공산주의 사회보다 잘살게 된다는 것은 현재의 국가별 상태가 웅변적으로 증명한다. 등소평鄧小平 등장 이후 자본주의적 요소를 상당 부분 도입한 중국의 경제성장은 그전의 원형적인 공산주의 국가 시절과 엄청난 차이를 보였다.

자본주의 사회에서는 자원의 배분이 경쟁 시장 가격 기구에 의해 효율적으로 이루어진다. 즉, 경쟁 시장을 통해 품질이 좋고 가격이 싼 제품을 만들어내는 생산 업체가 살아남기 때문에 한정된 자원이 효율적으로 배분되어 최적의 생산이 일어난다.

그러나 공산주의 사회에서는 가격이 시장에서 결정되지 않고 국가에서 결정하기 때문에 품질에 비해 싼 물건이 나오면 일시에 품귀 현상이 일어난다. 이와 달리 품질에 비해 비싼 물건이 만들어지면 재고로 남아 관련 업체나 개인에게 부담을 주게 된다.

지금과 같이 상품이나 서비스의 종류가 복잡다단한 산업사회에서 자원의 가격과 분배를 관료 기구에 의존해 국가 경제를 이끌어 간다는 것은 도저히 불가능하다. 자원 배분이 왜곡되어 비능률을 낳는 것이다.

무사안일주의를 부르는 관료 조직의 통제

거의 모든 분야가 관료 조직에 의해 통제되는 공산주의 사회에서는 관료 조직 자체가 무사안일주의에 빠질 경우 그 폐해가 심할 수밖에 없다.

자본주의 사회에서는 행정·군사 등 일부 분야만 관료 제도가 적용된다. 생산과 분배가 직접 이루어지는 경제 영역은 대부분 사기업에 의해 관리되고 운영된다. 이와는 달리 공산주의 사회에서는 행정·군사·경제·교육·문화 등 모든 분야가 관료 조직에 의해 관리되고 운영된다. 명령에 따라 움직이기 때문에 매우 경직되어 돌아가는데, 특히 경제 분야에 있어서는 폐단이 많다.

이 같은 현상은 우리나라에서도 일부 일어나고 있다. 이른바 '국영國營'이라는 이름이 붙은 기업의 경우가 그렇다. 국영기업치고 경쟁력 있는 회사 없고 손해 안 나는 회사 드물다는 말이 공공연하게 나돈다. 주인 없는 관료 조직에 의해 경영되는 회사가 얼마나 비능률적인가를 말해주는 것이다.

학생들은 잘 모를 수 있겠지만, 관료 사회의 문제점으로는 무사안일주의, 형식주의, 책임 회피 등이 꼽힌다. 명령에 따라 움직이는 공산주의 사회에서는 이러한 분위기가 여러 분야에 널리 퍼져 있어서 사회가 정체되고 침체되며 유능한 인물이 있어도 능력을 발휘할 수 없게 된다. 대충대충 하거나 열심히 하거나 똑같이 돌아오는데 괜히 나섰다가 일이 잘못되어 벌받을 필요가 없는 것이다. 이전에 해왔던 방식을 개선 없이 그대로 답습해나가며, 결과에 아무도 책임지려 하지 않는다.

자본주의 국가에서는 투자 여부가 자산을 가진 개인의 자유의지로 결정된다. 이 때문에 신속하고도 모험적으로 이루어질 수 있다. 하지만 공산주의 국가에서는 투자의 결정이 관료들의 손에 달려 있다. 그에 따라 아무도 책임을 지지 않으려는 무사안일주의가 작동해 진행이 더딜 뿐더러 모험적이거나 혁신적인 투자가 이루어지지 않는다.

이러한 이유로 인해 기술 발전이 가장 중요한 산업사회에서 기술이 진보하지 못하여 공산주의 국가의 경제는 낙후될 수밖에 없다. 투자가 신속하고 모험적으로 이루어질 수 있어야만 기술 진보가 가능한 것이다.

국민을 위한 정치와 특정 집단을 위한 정치

자본주의 사회에서는 지도자가 경선에 의해 다수 국민의 뜻에 따라 선출된다. 그러나 공산주의에서는 지도자가 소수 특정 집단에 의해 선택되고, 그 선택된 자에 대해 형식적으로 국민에게 가부를 묻는다. 여기서 엄청난 문제가 발생한다.

첫째, 국가의 정치 지도자나 지방자치단체의 장이 일당 독재 정당인 공산당이라는 특정 집단에 의해 지명된다면 국민은 공산당이 정해준 범위 안에서 뽑을 수밖에 없다. 국민의 이익을 대변해야 하는 지도자를 고를 수 없고, 공산당이라는 정치 세력은 얼마든지 다수 국민의 뜻과 이익에 배치되는 집단이 될 수 있다. 북한의 세습 체제나 구 소련의 스탈린과 같은 인물은 우연히 생겨난 것이 아니다. 일당 독재의 경선 없는 결정, 국민이 다수의 후보 가운데 대표자를 선택하는 것이 아니라 공산당이 미리 정해놓은 단일 후보를 뽑아야 하는 사회에서 필연적으로 나타날 수밖에 없는 체제이며 인물이다.

둘째, 어떤 조직에서든지 일정한 방식이 성찰 없이 계속되다보면 처음의 목표와는 상관없이 조직 자체가 변질되어 엉뚱한 방향으로 흘러가는 예를 볼 수 있다. 주로 폭력성을 띤 조직에서 흔히 일어나는 일이다. 공산당도 처음에는 뜻있는 사람들에 의해 훌륭한 의지를 가지고 출발했다. 그러나 특정 집단에 의해 운영되다보니 그리 오래지 않아 조직 자체가 엉뚱한 방향으로 흘러갔다. 기회주의자, 극단적인 인격을 가진 사람이 들어가서 파렴치한 수완을 발휘해 권력을 잡게 되었다. 그는 자신을 추종하는 세력만 중용하기 때문에 일당 독재를 얼마든지 가능하게 만든다. 결국 국민의 이익을 위해 존재하는 정당이 아니라 특정 세력들의 권력욕과 야망을 채워주는 조직이 되고 마는 것이다.

셋째, 기업이나 특정 집단뿐만 아니라 국가에서도 지도자는 적절한 시기에 바뀌어야 그 조직이 정체하지 않는다. 그렇게 될 때 새로운 목표를 갖고 새로운 활동을 벌이며 새로운 환경에 대처해나갈 수 있다. 정치 지도자는 반드시 경선을 통해 국민이 직접 선출해야 자신을 뽑아준 국민을 위해 일하려고 노력을 기울이게 된다. 국민의 요구를 대변하려고 애쓰며, 마침내 국민과 함께 호흡하는 정치인으로 거듭 나게 되는 것이다. 나라의 지도자와 정당을 이끌어가는 정치인은 다수의 경쟁자가 다양한 주장을 들고 나와서 국민의 손으로 선택되어야만 한다.

자원과 자산에 대한 사회정의

자본주의 사회에서는 정치·경제·언론·문화·예술 등 모든 분야에 있어서 자유로운 주장과 행동을 할 수 있다. 하지만 공산주의에서는 오로지 공산주의 사상만이 강요되며, 모든 분야에서 그 이념에 배치되면 '인민의 적'으로 간주되어 인간의 기본적 활동에 제약을 받는다.

자본주의 국가에서는 대체적으로 자원과 자산에 주인이 있기 때문에 개인의 의지에 따라 잘 관리될 수 있다. 하지만 공산주의 사회에서는 개인이 아니라 국가의 재산에 속하기 때문에 제대로 관리되지 못한다. 그만큼 효율성은 떨어지고 그 폐해는 국민에게 돌아가게 마련이다.

자본주의 사회에서는 이자가 합법적으로 지급되나 공산주의 사회에서는 그것이 부정된다. 자본에 대한 일정의 대가인 이자는 지급되는 것이 정당하며, 그렇게 하는 것이 사회 발전에 도움이 된다. 예를 들어 어느 생산 공장에서 자금을 더 투입해 능률이 좋은 기계를 도입했다고 하자. 같은 노동력을 쓰더라도 보다 싸게 많은 물건을 만들 수 있을 것이다. 이 경우 자본은 생산에 절대적인 역할을 했기 때문에 자본을 제공한 사람에게 이익을 배분해야 한다.

A라는 사람은 돈을 쓰지 않고 많이 모았고, B라는 사람은 열심히

일하지 않고 그나마 번 돈을 다 써버렸다. A는 모은 돈으로 투자할 수 있어서 새로운 부를 창출해내는 데 도움을 주었지만, B는 가진 돈을 다 써버려 투자할 돈이 없기 때문에 새로운 부를 창출할 수 없다. A와 B 두 사람을 똑같이 취급할 수는 없다. A에게는 이자에 대한 몫이 주어져야 하고 B에게는 아무것도 주어지지 않는 것이 사회정의에 맞는 이치다.

토지 경제와 공장제 경제에 있어서 부의 역할 차이

과연 자본가는 착취하는 사람인가? 아니면 사회 전체에 이익을 주는 사람인가?

국민의 부富가 토지로부터 작물 등을 얻는 농촌 경제, 즉 봉건사회의 토지 경제에 있어서 부자는 한정된 토지 중 많은 부분을 소유하여 이득을 챙겼다. 토지를 소작시키거나 임금 농민을 구해 경영하고 이익을 가져갔기 때문에 부자는 필연적으로 착취에 해당했다. 이때는 노동조합이라든지 사회보장제도 같은 것은 없었다. 부자는 새로운 부를 창조해내는 것이 아니고 기존의 생산수단인 토지를 더 많이 가져서 상대적으로 가난한 사람을 만들어냈다.

그러나 토지에서 생산해내는 이득보다 공장에서 생산해내는 이득이 절대적으로 큰 산업사회에 들어서는 개념이 바뀌었다. 부자는 새로운 재화를 생산하는 공장을 만들거나 공장을 만드는 데 드는 자금을 공급하여 국민 전체의 소득을 높이는 역할을 했다. 즉, 토지 경제에서는 국민의 부를 낳는 생산수단의 대부분이 토지였으므로 부는 새로운 생산수단인 토지의 증가를 낳지 않았던 것이다. 기존의 생산수단인 토지를 사들여 자영농을 소작농이나 임금 농민으로 만들어 계급 간의 마찰을 일으키고 국민 전체 부의 증가에 도움을 주지 못했다. 그러나 산업사회에서 부자는 생산 공장이나 서비스산업을 사들여 거기에서 생산되는 상품을 공급했다. 따라서 타인을 빈자로 만드는 것이 아니라 국민 전체의 소득 수준을 높이는 역할이었다.

노동조합이 결성되고 노동삼권이 인정되면서 자본의 영향력에서 비롯되는 부정적인 요소들은 상당 부분 개선될 수 있었다. 부자에게 세금을 물리거나 회사에 법인세를 물려 가난한 자에게 기본적 생활을 보장해주는 사회보장제도로 이어졌던 것이다. 현대의 복지 자본주의 국가에서 부는 적대적인 것이 아니고 생산적이다.

세대 차 나지 않는 선배들의 역할이 중요하다

생산의 중요한 요소로는 노동·자본·경영·토지·기술 등을 꼽을 수 있다. 새로운 재화나 서비스를 생산하는 데 노동만이 기여하는 것은 아니다. 좋은 자본, 좋은 경영, 좋은 토지, 좋은 기술, 거기에 좋은 노동이 어우러질 때 좋은 재화나 좋은 서비스가 생산된다, 노동만이 생산에 기여한다는 생각은 이데올로기적인 발상에 따른 주장이다.

젊은 학생들의 사상적 방향을 바로잡아주는 일은 정부나 학교만의 몫이 아니다. 우리 시민 모두가 참여해야 할 일이다. 특히 대학을 졸업하고 10년 정도 사회생활의 경험을 쌓아 인간과 사회에 대한 이해를 좀 더 폭넓게 경험한 선배들의 조언이 중요할 듯하다. 너무 큰 세대 차이가 나지 않기 때문이다. 그들이 먼저 나서서 젊은 학생들과 함께 생각하고 토론하며 소모적이고 낭비적이기만 한 사상적 방황을 빨리 탈피할 수 있도록 도와야 한다. 이에 대한 구체적이고도 조직적인 방안이 나오면 좋지 않을까 생각된다.

강력한 우파 시민 조직의 필요성과 그 방법

강력한 통합 우파 시민 단체가 있어야 한다

국민의 자유 민주 세력이 좌파 세력보다 숫적으로 월등히 많은데도 주도권을 갖지 못하는 이유는 무엇인가?

좌파 세력은 강력한 민주노총과 한국노총이라는 조직을 갖고 있어서 수백억 원의 조합비를 기회가 있을 때마다 일시에 집행하여 좌파 정치 세력을 집중 지원하고, 정치 집회에 다수가 참여하여 여론을 형성시킨다. 소수지만 다수처럼 보일 수 있는 SNS 활동을 통해 좌파 세력을 지원한다.

자유 민주 세력은 그처럼 강력한 조직이 없고, 여러 단체로 나뉘어 있어서 연대를 통한 효율적인 활동을 하지 못하고 있다. 또한 가장 큰 문제는 경비를 감당할 수 있는 모금 활동이 체계적으로 이루어지지 않아 조직적인 정치 활동을 할 수 없다는 것이다. 자유민주주의가 국민 전체에 이득이 된다는 것을 알기 쉽게 설명하는 논거를 제때 만들어내지 못하고, 그것을 국민에게 선전하는 기회를 갖지 못하고 있다.

우파 시민 조직은 좌파 시민 조직에 비해 조직의 수와 구성원 수가 적고 자금도 왜소하다. 이러다보니 우파 정당과 우파 시민이 무엇을 추진해도 힘이 잘 실리지 않고, 좌파의 공세에 쉽게 밀린다. 힘의 균형이 깨어져 있는 것이다.

우파가 효율적으로 집권하고 일을 추진해가려면 우파 원로들이 주축이 되는 강력한 통합 우파 시민 단체를 만들어야 한다. 그 통합 시민 단체가 나머지 우파 시민 단체들을 서로 조직적으로 협력하면서 일하도록 하면 에너지를 효율적으로 사용할 수 있다.

우파 정당이 공식적으로 통합 우파 시민 단체를 만드는 데 조언하고, 그 목적과 운영 방식을 시민들이 공감하고 적극 참여할 수 있게 이끌어야 한다. 그리고 책임자와 집행부를 구성하게 하여 그 기구가 오랫동안 유지해나갈 수 있게 해야 한다.

이제는 국민 스스로 나서야 할 때

현실적으로 우파 시민이 믿고 참여할 만한 우파 시민 단체가 별로 없다. 믿을 만한 사람들과 목표와 실행력과 회비 사용의 투명성을 확실하게 보여줄 수 있는 통합 시민 단체가 있다면 이제는 기꺼이 지원금을 낼 시민이 많아진 것으로 판단된다. 왜냐하면 과거에는 좌파 성향의 정당이 정권을 잡아도 상식과 법은 지켰는데, 최근의 좌파들은 상식 밖의 정책과 위헌적이고 위법적인 행위를 거침없이 실행하고 있기 때문이다. 좌파 정부는 국민의 자유를 억압하고, 나라의 재정을 파탄내어 국민을 실의에 빠지게 만들고, 한미동맹을 의도적으로 약화시켜 군사력을 훼손시켰다. 이제는 국민 스스로 나서지 않으면 나의 가족의 안전과 재산, 나의 자식과 손자들의 미래가 지극히 위험한 상황에 놓이게 되었다.

좌파 정당을 지원하는 세력을 보면 민주노총, 한국노총, 전국교직원노조 등이 있다. 민주노총과 한국노총의 회원이 150만 명가량 되는데, 월급의 1% 정도를 조합비로 내며 그중 상당 부분을 상부 노조로 보낸다. 1년이면 수천억 원에 이르는 거액이다. 본부로 올라가는 돈도 엄청나다. 그 돈은 행사가 있을 때마다 투입하여 사회를 뒤흔들어놓는다.

이와는 달리 우파 시민들은 과연 1년에 얼마를 우파 정치를 위해 기부하는가? 진지하게 돌아봐야 할 문제다. 우파 시민도 당당히 회비 명목의 돈을 내고 한국의 자유민주주의를 말할 수 있어야 하고, 자유민주주의를 수호하기 위해 일한다고 생각할 수 있어야 한다. 이렇게 되면 우파는 그 수에 비례하는 목소리를 갖게 될 것이다.

우파 시민 클럽으로 우파 시민운동을 조직화·활성화

자식들에게 많은 재산을 물려주더라도 나라가 혼란에 빠지면 그 가치는 의미를 갖지 못한다. 아르헨티나, 베네수엘라를 보더라도

정치, 이렇게 하면 초일류 된다

쉽게 알 수 있다. 그러나 자녀에게 물려주게 될 재산 중 극히 일부를 우파 시민 운동에 기부하면 사정은 바뀐다. 나라의 질서가 바로서고 지금까지 일구고 가꾸어온 번영이 오래도록 이어지게 할 것이다. 지금까지 애써 키워왔듯이 경제와 문화가 계속 발전하면서 재산도 가치를 유지하여 자신도 후손들도 편안하게 살 수 있을 것이다. 적은 기부가 모아지면 크나큰 보답으로 돌아온다.

이를 실현시키기 위해 우파 시민 클럽을 만들 필요가 있다. 예를 들어 연간 60만 원, 100만 원, 200만 원 등으로 정해 기부자 클럽을 만들고 구성원을 100만 명 규모로 구성한다. 돈을 내기 어려운 이는 봉사 클럽을 만들어 참여한다. 예를 들어 10일, 20일, 30일 식으로 나누어 각자 편한 시간에 활동하면 된다. 모임이 조직화되고 자금이 뒷받침되면 훨씬 효율적으로 우파 시민운동을 펼칠 수 있을 것이다.

이를 위해 우선적으로 실행할 수 있는 것이 주위 사람들끼리 소규모의 클럽을 구성하는 일이다. 모인 자금의 얼마를 어디에 기부할 것인지 서로 협의하고 실천하기가 수월하다. 가까운 지인이 그렇게 하여 유튜브 운영자들에게 기부하는데 좋은 방식으로 보인다. 이런 모임이 확산되면 우파 시민운동이 금방 활성화될 것이다.

다음은 통합 우파 시민 단체가 해야 할 일들이다.

- 우파 정당의 장단기 목표와 실행 방안 정립.
- 정부의 정책을 연구하는 싱크탱크 구성.
- 강연회나 토론회 등을 위한 홍보 단체 구성.

- 사회 현안에 대한 대책과 논리 마련.

- 시장경제, 삼권분립 등 자유민주주의 수호를 위한 교재 작성.

- 한미동맹의 중요성, 탈원전의 부당성 등 국민의 안보 의식 제고.

- 대통령의 공약 사항 중 국가 정책에 대한 사안의 국민투표 유도.

- 우파 정치 세력의 집권과 영향력 확대를 위한 공조.

정치, 이렇게 하면 초일류 된다

2

유능한 사원에서
중역까지 오르는 길

오늘의 한국 청년들은 절망 속에 서 있다.
주택 가격은 천정부지로 오르고,
내 집 마련의 꿈은 점점 신기루가 되어간다.
기업은 의욕을 잃어가고, 취업의 문은 점점 좁아지고 있다.
그러나 묵묵히 일하는 젊은이들이 있어 우리 사회는 유지된다.
유능한 회사원에서 중역이 되는 길을 안내한다.

성공으로 가는 슬기로운 회사 생활

   일정한 교육과정을 마치게 되면 대부분이 적합한 직장을 찾아 취업하기를 원한다. 아무리 직업군이 다양화해도 직장인의 수가 압도적으로 많다. 창업을 계획하더라도 대개 비슷한 업종에서 일정한 경험을 쌓은 뒤 진출하게 된다. 대단한 금수저가 아닌 다음에야 취업이 사회생활을 해나가기 위한 최선의 길인 것이다.

   취업 준비생을 이르는 '취준생'이라는 신조어가 생겨나고, '취업난'이라는 말을 자주 듣게 되는 것은 일하고자 하는 사람은 많고 일자리는 부족하기 때문이다. 그뿐만이 아니다. 다행히 취업이라는 1차 목표를 달성했다 하더라도 경쟁자가 많기 때문에 일을 제대로 해내지 못하면 도태되기 쉽다. 직장에서 살아남고 원하는 목표를 이루려면 자신의 능력을 충분히 발휘할 수 있어야 한다. 유능한 회사원이 되는 몇 가지 중요한 방법에 대해 알아보기로 한다.

장점을 집중 개발하여 경쟁력의 핵심으로

자신의 장점을 집중적으로 개발하여 그것을 경쟁력의 핵심으로 만들어야 한다. 창의력·분석력·설득력·친화력·미래 예측 능력·문제 해결 능력 등 자신이 남보다 더 뛰어나다고 생각되는 점을 찾아내어 그쪽으로 매진할 필요가 있다. 팔방미인은 르네상스 시대에나 적합한 말이다. 지금은 한 분야에 뛰어난 능력을 가진 사람이 성공할 수 있는 시대다.

어느 누구든지 한 가지의 장점은 있다. 다만 찾아내지 못했기 때문에 잘 알지 못하는 경우가 많다. 예컨대 사람을 설득하는 능력이 뛰어나다면 그것으로도 조직을 이끄는 리더가 될 수 있다. 말하자면 한 회사의 사장이 되기에 충분하다는 얘기다. 어떤 영업 사원이 고객을 만나기만 하면 물건을 곧잘 팔거나 수주해 온다면 적어도 부사장은 확실히 될 수 있다. 사태의 추이를 잘 내다본다면 미래 예측력이 뛰어난 사람이다. 예컨대 증권회사에서 남보다 빨리 간부나 사장이 되는 데 문제가 없을 것이다. 주가의 변동 추세를 뛰어나게 맞히는데 승진이 안 될 수 있겠는가?

나는 신입사원 오리엔테이션 시간에 꼭 이런 말을 해주었다.

"자신의 장점을 크게 키우는 것이 매우 중요합니다. 그것은 생각보다 쉽고 경제적이며, 그렇게 하는 것만이 경쟁력을 높이는 최선의 길입니다. 자신의 장점을 잘 모르는 이가 많은데, 부모님이나 친구, 직장 동료 들에게 물어보면 기꺼이 대답해줄 것입니다. 흔히 자기의 단점을 줄이는 데 많은 시간을 쏟고, 장점을 발견하고 키우는 일은 등한시합니다. 그렇게 해서 경쟁력이 없는 보통 사람으로 그럭저럭 살아가는 경우가 흔합니다. 무척 안타까운 일입니다."

성실한 걸음이 높은 산을 오른다

삶에 대한 성실한 자세는 그가 오를 산의 높이를 결정한다. 능력이 아무리 뛰어나도 성실하지 못하면 큰일을 해내지 못한다. 순발력만으로는 일시적으로 진전을 볼 수 있을지언정 결코 오래 가지 못하여 결국은 어려움에 빠지게 된다. 지식이 부족해서 실패하는 일보다 성실하지 못해서 실패하는 일이 훨씬 많다.

세상을 좀 더 오래 살아온 사람은 그런 예를 수없이 보고 겪는다. 성실하고 겸허한 자세가 최후의 종착점을 결정한다는 사실을 명심해야 한다. 그의 능력보다는 그의 자세가 더욱 중요하다.

숫자는 탁월한 무기

보편적인 진리나 법칙의 발견을 목적으로 한 체계적인 지식을 과학이라고 한다. 과학의 이론은 수치로 증명하지 못하면 인정받지 못한다.

경영은 과학이다. 모든 것이 숫자로 파악되어야 한다. 어떤 제안이나 정책도 명확한 수치가 전제되어야 인정받는다. 회사에 미치는 손익을 숫자로 계산해낼 수 있도록 스스로 훈련해서 몸에 익혀야 한다. 그렇게 되면 그가 하는 의사결정은 항상 현실적이고 합리적으로 평가받는다. 숫자는 상사 또는 직원들을 설득할 수 있는 탁월한 무기다.

나는 어떤 안에 대해 결재 서류를 작성하고 보고를 올릴 때 꼭 이 방법을 썼다. 여러 대안을 갖고 회사 손익 비교표를 붙여 제출함으로써 내가 원하는 방안을 쉽게 승인받을 수 있었다. 어떤 상사가 회사에 이득이 되는 것이 숫자로 뻔히 보이는데 부결할 수 있으며 손해가 날 것이 숫자로 뻔히 보이는데 가결할 수 있겠는가?

예를 들어 원가 분석에 관한 기안 서류를 작성해서 결재에 올린다고 하자. 회사 구성원들의 월급, 부대 비용을 먼저 파악한 다음 자재나 서비스 등의 가격을 고려해야 한다. 이 모든 것은 수치로 뽑아낼 수 있다. 원가 분석에 관한 모든 자료가 수치로 작성되어야 의사결정이 빠르고 정확히 진행될 수 있는 것이다.

회사뿐만 아니라 정당, 공익 재단, 정부 기관 등 모든 조직과 개인은 결국 한정된 자원을 갖고 최대의 재화나 서비스를 만들어야 한다. 계산을 잘할 수 있는 사람만이 그런 일을 잘해낼 수 있다. 계산에 둔하거나 별 관심이 없다면 목수가 자 없이 집을 잘 짓겠다고 나서는 것과 다를 바 없다.

사람을 움직일 수 있어야 사회를 움직인다

모든 길은 책 속에 있다

사회는 수많은 사람과 집단으로 구성되어 있다. 따라서 어떤 조직이나 사회를 움직이기 위해서는 인간에 대한 이해가 선행되지 않으면 안 된다. 사람을 움직일 수 있어야 사회를 움직일 수 있다.

어떻게 하면 사람을 잘 움직일 수 있을까? 그 원리는 바로 책 속에 있다. 수많은 선험자들의 지혜와 통찰이 조그만 책 속에 잘 간추려져 있는 것이다.

독서의 중요성은 아무리 강조해도 지나치지 않는다. 혼자서 깨달으려면 평생을 보내야 하는 문제도 몇 시간, 며칠이면 깨칠 수 있다. 책을 읽는 것이 인간의 본성, 조직과 사회를 움직이는 원칙을 파악하는 지름길이다. 일을 잘하기 위한 기술과 방법을 습득하고, 다양한 분야의 기본 지식과 최근의 변화를 읽어내는 지혜가 모두 책 속에 녹아 있다.

인간과 사회를 움직이는 원리와 원칙을 알고 있는 이는 그것을 잘 모르는 이보다 경쟁력이 강하다. 그런 사람이 경쟁 사회에서 이기는 것은 너무나 당연한 일이다.

나이 지긋한 상사에게는 먼저 보고하는 것이 유리하다

상사는 대개 사원보다 나이가 많다. 직위가 올라갈수록 그 차이는 더 벌어져서 사장이나 회장 정도가 되면 대개 나이가 지긋하다. 그런 이에게 보고할 때는 먼저 나서는 사람이 유리하다. 왜냐하면 나이가 많을수록 사고의 유연도가 떨어져서 먼저 보고한 사람의 내용을 먼저 머리에 넣어두고 나중에 보고되는 내용을 평가하기 때문이다.

대기업의 사장직에 있던 한 친구에게 이 이야기를 해준 적이 있다. 그랬더니 좀 더 일찍 말해주었더라면 크게 도움이 되었을 거라고 아쉬워했다. 나이가 많은 회장에게 다른 사람이 먼저 틀린 보고를 하는 바람에 자신의 안을 설득하는 데 큰 어려움을 겪은 적이 여러 차례 있었다는 것이다.

인간 심리의 원리를 아는 사람이 그렇지 못한 사람보다 경쟁에서 이길 확률은 당연히 높다.

상벌은 조직을 이끄는 효율적인 방법

상과 벌은 크든 작든 조직을 어떤 방향으로 이끌어갈 수 있는 가장 경제적이면서도 효율적인 방법이다. 이 책의 3부에 자세히 적었지만, 이와 관련하여 내가 직접 경험한 에피소드를 먼저 간략히 소개해본다.

현대건설 영광원자력발전소 건설 현장에서 과장으로 근무하던 시절이었다. 화재가 자주 발생했는데, 그럴 때마다 몇몇 직원만 불을 끄려고 애쓰고 많은 근로자들은 그저 구경만 하는 형편이었다. 화재가 자주 일어나고 불길이 빨리 잡히지도 않으니 현장소장으로서는 매번 걱정거리가 아닐 수 없었다. 그래서 내가 불을 끄는 데 기여한 사람을 뽑아 시상을 하자고 건의했다. 부상도 파격적으로 푸짐하게 마련해서 전 직원과 협력 업체 간부들이 모인 아침 조회에서 시상식을 갖자는 계획이었다.

현장 곳곳에 방을 붙였다. 처음에는 모두 반신반의했다. 그러나 곧 화재 진압을 우려할 필요가 없게 되었다. 화재가 발생하면 앞다투듯 진압에 나섰던 것이다. 너도나도 불을 끄려는 덤비는 바람에 혹시 다치지나 않을까 말리는 형편이었다.

상벌의 효율성은 내가 오래전 《플루타르크 영웅전》을 읽고서 깨닫게 된 지혜의 하나다. 명예와 돈을 좋아하지 않는 사람은 거의 없다. 잘한 일에 상을 준다면 누구나 기꺼이 그 조직이 원하는 방향으로 따르게 되어 있다. 물론 그해 나 역시 최고의 상여금을 받았다.

칭찬은 성공의 문을 여는 만능열쇠

칭찬은 고래도 춤추게 한다는 말이 있다. 칭찬의 힘이 그만큼 크다는 뜻이다.

그런 칭찬도 상대와 상황에 맞게 해야 제대로 힘을 발휘하게 된다. 영혼 없이 무턱대고 하는 칭찬은 오히려 역효과를 일으킬 수 있다. 자신을 놀린다거나 비아냥거린다고 여길 수 있다.

상대가 여성일 때는 나이와 상관없이 '훌륭하다', '아름답다'라는 뜻의 표현을 하는 것이 좋다. 겉으로는 사양하더라도 속으로는 흐뭇해한다. 그렇게 말해준 이에게 고마워하고 호감을 갖게 되어 하는 일이 잘 풀리게 된다. 뛰어난 능력과 실력을 갖춘 여성일지라도 본능적으로 아름답게 보이고 싶고, 또 그런 사실을 확인받고 싶어 한다. 그러므로 '훌륭하다', '아름답다'라는 뜻의 표현을 해주는 사람에게 끌리는 것이 당연하지 않겠는가?

남성은 '일 잘한다', '믿음직하다'라는 칭찬을 가장 받고 싶어 한다. 자신을 믿고 인정해주는 사람에게는 목숨도 바칠 수 있다는 것이 남자의 속성이다. 남보다 힘이 강해서 우월한 유전자를 갖고 있다는 것을 알아주기 바라는 것은 남성의 본능이다. 사냥을 잘하고 가족과 집단을 잘 지키는 남자가 환영받던 원시의 유전자가 DNA 속에 고스란히 박혀 있기 때문이다.

말 한마디에 천냥 빚을 갚는다고 했다. 천냥이라면 요즈음 가치로 수천만 원에 이르는 상당한 금액이라고 한다. 나는 어떤 사람을 만나든지 "오늘 더욱 젊어 보인다", "오늘 더욱 멋있어 보인다", "오늘 더욱 아름다워 보인다"라는 말을 하려고 노력한다. 아니면 어떤 장점이라도 꼭 찾아내어 말해주려고 애쓴다. 돈 안 들고 힘 안 들고 세금도 안 붙는 말 한마디로 상대방을 기쁘게 해주는 것조차도 안 하면서 일이 잘 풀리기를 바란다면 나무 위에서 물고기를 구하는 것과 다를 바 없다.

긍정은 힘이 세다

이룰 만한 가치가 있는 힘든 일에 '도전'이라는 말을 붙인다. 어려운 일을 시도할 때 '할 수 있다'는 긍정의 마인드와 '할 수 없다'는 부정의 마인드는 엄청난 결과의 차이를 낳는다.

"해봤어?"

직접 실천해보았느냐는 정주영 회장님의 유명한 한마디다. 그분이 남긴 수많은 신화는 모두 긍정에서부터 비롯되었다. 시도하지 않는 이론만으로는 실체에 접근하기 어렵다. 걸어온 자국이 길을 만들 듯이 부닥치다보면 방도가 생기게 마련이다.

자기 능력의 한계를 좁고 낮게 설정하지 말고 무엇이든지 할 수 있다고 생각하는 것이 유리하다. 한 사람이 가진 능력의 한계는 그가 할 수 있다고 생각하는 범위까지만 작동하며 그 이상은 넘지 못한다.

나는 회사 생활을 하면서 이런 예를 많이 봐왔다. 고졸 직원들 중에 그런 일이 더러 있었다. 자신이 대학을 안 나왔기 때문에 일정 범위 밖의 업무는 할 수 없다고 생각하여 잠재능력이 뛰어난데도 스스로 능력을 제한하는 경우를 여러 번 겪었다. 그런 사람들을 마주하면 긍정의 힘에 대해 이야기하고 격려했다. 그래서 유능한 인재로 성장하여 중책을 맡게 된 예가 있다.

긍정은 힘이 세다. 낙관적인 마음가짐은 사회적·경제적 성공뿐만 아니라 신체의 건강까지 영향을 끼치는 마스터키와 같다.

똑소리 나게 일 잘하는 방법

품의서 및 보고서 작성 요령

보고 받는 사람의 입장에서 작성한다

품의서나 보고서를 작성할 때는 작성자의 입장이 아니라 보고 받는 사람의 입장을 먼저 고려해야 한다. 평소 관심 밖이거나 잘 모르는 분야라면 집중적으로 공부할 필요가 있다. 그렇지 않고 엉뚱한 부분에 중점을 두어서는 승인을 받지 못할 뿐더러 '말귀를 못 알아듣는 사람'으로 찍히기 십상이다.

이와 관련해서 직접 겪은 한 가지 예를 들어보자. 현대건설에서 시공하여 큰 이익을 내고, 발주처인 군인공제회도 많은 수익을 올린 서초동 현대 슈퍼빌 사업에 관한 이야기다.

우연히 현대건설 건축사업부에 들렀을 때의 일이다. 이 사업을 수주하려는 기술 중역이 사장에게 수주 결재를 받으려고 품의했으나 세 번째 퇴짜를 맞았다고 했다. 그는 이제 그만 수주를 포기해야 할 것 같다며 고심했다. 사업의 수익성이 높아 꼭 수주해야 할 공사였다. 보고서를 보여달라고 해서 훑어보았다. 사장이 우려하는 점을 해소시킬 수 있는 내용이 없어 결재를 받지 못한 것 같았다. 이 사업을 벌여서 돌아올 이익에 대해서는 잘 설명되어 있으나 적자를 보지 않는다는 설명이 빠져 있었다. 그 당시 수주를 잘못해서 적자가 나는 경우가 있어 사장으로서는 반드시 적자가 나지 않는 공사를 수주하고 싶어 했다. 나는 어떤 경우에도 적자가 나지 않는다는 내용을 적시하면 승인받게 될 거라고 제안했다. 기술 중역은 그 부분을 보충하여 서류를 올렸고, 예상대로 사장의 사인을 받아낼 수 있었다. 이로써 규모가 큰 수주에 성공했고 회사는 많은 이익을 보게 되었다. 그리고 이후 그는 타사의 사장이 되었다.

제목·부제목·소제목의 중요성

품의서나 보고서를 작성할 때 제목·부제목·소제목 등은 대단히 중요한 요소여서 특히 신경을 써야 한다. 이 제목들만 잘 붙여도 이미 절반은 성공이다. 그것만 읽어도 길고 복잡한 내용을 한눈에 파악할 수 있기 때문이다.

제목들의 체제가 잘 갖추어져 있는 것이 신문이다. 어느 면의 어떤 기사를 보더라도 제목과 부제목이 먼저 나온다. 바쁜 사람은 그것만 보아도 내용을 간파할 수 있다. 좀 더 자세히 알고 싶은 부분은 내용을 읽게 된다. 보고서도 마찬가지다. 목차만 훑어보아도 내용의 대강을 파악할 수 있게 만들어야 한다. 이때 주의해야 할 사항이 있다. 제목들은 반드시 내용을 요약한 것이어야지 내용에 없는 엉뚱한 것이면 안 된다.

최상위직에 있는 사람은 여러 부서에서 올라오는 보고서를 혼자 처리해야 하기 때문에 머리가 복잡하다. 많은 보고서를 검토하다보니 이력이 붙어서 귀로 듣는 것보다 눈으로 파악하는 속도가 더 빠르다. 제목에서 내용을 파악할 수 없으면 어떨까? 보고서가 제대로 정리되지 못한 것으로 간주되어 그 내용과 상관없이 보고자는 인정받지 못할 것이다.

정주영 회장님에게 보고할 때 흔히 겪었던 일이다. 그분은 내가 2페이지를 보고할 때 벌써 3, 4페이지를 넘기는 경우가 많았다. 그러면서 관심 부분에 대해 불쑥 질문했다. 제목들만 보고도 이미 내용을 다 파악했던 것이다. 나는 제목들을 중시하며 보고서를 만들었고, 그 아래의 내용은 질문을 받았을 때 대답하기 위해 자세히 썼다.

"홍 부장은 알기 쉽게 보고해서 좋아."

사장단 회의에서 정주영 회장님으로부터 그런 칭찬이 있었다는 것을 전해 들었다.

제목만으로도 내용을 파악할 수 있어야지 작은 글씨까지 다 읽어봐야 알 수 있다면 비즈니스 보고서가 아니라 논문이나 수필에 가까운 글이라 하겠다. 제목들 아래의 자세한 내용은 보고 받는 이가 시간적 여유를 가질 때 논의할 수 있게끔 만들어져야 한다.

여러 제목들은 내용을 축약해서 보여주는 것이어야 하지만, 꼭 짧게 써야 하는 것은 아니다. 내용을 설명하기 위해 필요하면 다소 길게 쓸 수도 있다.

품의서 및 보고서의 내용

품의서나 보고서는 결재 받는 사람이 곁에 붙어서 설명을 해야만 알 수 있게 작성되어서는 안 된다. 하나의 서류가 여러 군데를 옮겨 다녀야 할 일이 있기 때문이다. 서류 자체에서 설명이 다 되는 것이 좋은 작성의 예라 하겠다.

서술 방식은 두괄식頭括式으로 작성해야 한다. 결론부터 먼저 밝혀야 보고 받는 사람이 시간을 절약할 수 있을뿐더러 대강의 느낌을 먼저 갖고 효율적으로 파악할 수 있기 때문이다.

보고 받는 자가 내용에 대해 질문했을 경우 자세히 모르는 사항이라면 그것을 분명히 밝혀야 한다. 그러고 나서 해당 부분에 대해 다시 보고하겠다고 말하는 것이 올바른 대처 방법이다. 잘 모르는 것을 아는 것처럼 적당히 얼버무리면 안 된다. 보고자에 대한 신뢰가 깨어지기 때문에 그런 직원에게는 큰 일을 맡길 수 없다. 윗사람은 아랫사람이 모르는 것을 큰 문제로 여기지 않는다. 적당히 넘기려는 태도를 싫어한다. 보고 받는 자는 보고자의 입장을 이미 거쳐왔고, 그만큼 내공이 쌓여 있기에 '척 보면 다 아는' 사람이다.

보고 받는 이가 잘 이해하지 못했다면 그것은 순전히 보고자의 탓이다. 품의서나 보고서를 잘못 만들었거나 본인이 내용을 낱낱이 이해하지 못하고 작성한 것이 틀림없다. 반드시 작성자가 정확히 핵심을 이해한 뒤 쉽게 설명할 수 있도록 준비되어야 한다.

정주영 회장님은 잘 이해되지 않는 내용을 보고하는 이는 '연구를 덜해서 자신의 시간을 빼앗는 사람'이라고 여겼다.

다각도로 철저히 준비된 보고와 신속한 중간보고

다양한 관점과 여러 상황에서 검토하여 빈틈없이 작성된 것이 훌륭한 보고서다. 그리고 철저히 준비된 상태에서 보고에 임해야 한다. 경우에 따라서는 사전에 나름의 시뮬레이션 과정을 거칠 필요도 있다.

보고하는 자리에서 예기치 못한 부분이나 전혀 다른 관점에서의 검토 여부를 상사로부터 지적받을 수 있다. 그럴 때 미리 준비된 답변을 하면 치밀함을 인정받고 사업 승인도 쉬워진다. 그렇지 못할 경우 결재도 받지 못할 뿐더러 신뢰마저 잃게 된다.

또한 신속한 중간보고는 자주 하는 것이 좋다. 특히 상황 변화가 예상될 경우 더욱 그렇다.

보고 시 질문을 받게 되면 묻는 말에 간결하게 대답하는 것이 좋다. 지식을 자랑하듯 떠벌리지 않도록 주의해야 한다. 오히려 '요란한 빈 수레'라는 말을 듣기 쉽다. 말은 아끼되 지혜가 많은 사람으로 인정받도록 신경 쓸 필요가 있다.

신속히 보고해야 할 것과 꼼꼼하게 보고해야 할 것을 구분하는 것이 좋다. 그리고 모든 일은 사실관계에 입각해서 파악하고 보고

해야 한다. 상대방과 분쟁 또는 협상이 예상될 때 특히 중요한 사항이다. 그렇지 않으면 문제가 계속 꼬여서 일을 그르치게 된다.

문제의 방지와 해결을 위한 몇 가지 조언

시간이 해결해주는 경우가 많다

어떤 문제가 발생했을 때 상당 부분은 시간이 해결해주는 경우가 많다. 뜻밖의 벽에 부닥쳤을 때는 기다리는 것도 한 방법이다. 현재 상황이 불리하면 잠시 숨 고를 여유가 필요하다. 그렇게 얼마간의 시간이 지나면 최악의 상황에서 벗어나는 수가 생긴다. 상대방도 원만한 해결을 바라게 마련이기 때문이다.

어떤 문제든지 반드시 해결책은 있다. 다만 골똘히 생각해서 방도를 찾아내려 들지 않기 때문에 해결책을 못 찾을 뿐이다.

귀를 열어놓고 아이디어를 점검하라

아무리 자신이 옳은 생각을 가졌다고 판단되더라도 주위에 귀를 열어두는 것이 좋다. 지위가 낮거나 자기보다 못한 사람이라 여겨지더라도 계획안에 대해 논의하고 점검 받는 것이 좋다. 타산지석他山之石이라는 말도 있고 반면교사反面敎師라는 말도 있다. 남의 산에 뒹구는 거친 돌도 내 산의 옥을 가는 데에 쓸 수 있고, 부정적인 면에서 깨달음이나 가르침을 얻을 수 있는 것이다.

점검은 가끔씩 철저히, 문제 해결은 곧바로

어떤 사안에 대해 눈으로 직접 확인한 사실을 바탕으로 결정해야 일을 그르치지 않게 된다. 또 진행 사항을 점검할 때는 가끔 치밀하게 끝까지 파고드는 모습을 보여야 한다. 그래야 부하 직원이나 해당 업체가 대충 넘어가는 일이 없어진다. 모든 일을 다 시시콜콜 따질 수는 없으므로 이따금씩 철저히 검토할 필요가 있다.

잘못을 지적할 때는 그때그때 곧바로 처리해야 한다. '삼진 아웃', 또는 '한 번만 더 하면…'이라는 방식은 옳지 않다. 쌓아놓고 기다리면 안 된다. 그러면 언젠가는 썩어서 잘라내야 할 일이 발생할지 모른다.

일의 성공 여부에 영향을 주는 요소는 수백 가지가 있을 수 있다. 그런데 그 요소들의 비중을 보면 1, 2, 3위가 80%에 이른다. 따라서 결정적인 영향을 주는 1, 2, 3위의 요소를 집중해서 해결하면 나머지는 쉽게 풀린다. 영향을 끼치는 요소라 해서 10~20위까지 자원을 배분하는 것은 오히려 실패할 가능성을 높인다.

일의 성패를 결정짓는 중요한 요소가 많아서 딜레마에 빠질 때는 1, 2, 3위 요소를 먼저 선택하고 그에 대한 해결책을 강구하는 것이 효율적이다. 성공 가능성이 엇비슷해 보일 때는 어느 쪽이든 재빨리 선택하여 바로 실행하는 것이 현명하다.

정치, 이렇게 하면 초일류 된다

결단을 내릴 때는 시간을 끌지 마라

결단을 내리는 데 있어서 시간을 끄는 것은 대체로 나쁜 결과를 초래한다. 이탈리아의 사상가 마키아벨리가 쓴《정략론》에 나오는 예를 인용한다.

예 1 - 티투스 리비우스가 이 기술만큼, 우물쭈물 망설이는 것이 주는 해독을 훌륭하게 포착해낸 것은 그의 저작 어느 곳에서도 찾아볼 수 없다. 그는 또 라티움인의 경우도 인용하고 있다. 그것은 라티움인이 로마인과 싸웠을 때, 그 원조를 라비니움인에게 의뢰했을 때의 일이다. 이에 대한 라비니움인의 결정이 좀처럼 이루어지지 않았기 때문에 그들의 라티움 구원군이 성문을 나서서 전선으로 향하려 했을 때, 라티움인이 이미 패퇴했다는 정보가 들어왔다. 이 점에 대해 라비니움인의 집정관 미리오니움은 다음과 같이 말했다.

"이와 같이 로마 인민을 향해 조금 진격했을 뿐인데도 그 죗값은 터무니없이 비싸게 치르게 될 것이다."

라티움에 대한 원조 여부를 빨리 결정했더라면 괜찮았을 것이다. 가령 원조하지 않기로 했더라면 로마인을 노하게 만들지는 않았을 것이다. 또 때맞추어서 원조했더라면 라비니움군이 참가함으로써 로마인은 패했을 것이 틀림없다. 그런데 그 결정을 두고 시간을 끌었기 때문에 라비니움인들은 양쪽의 기회를 모두 놓치고 만 것이다.

예2 - 소 시라쿠사의 참주 히에로니무스가 죽은 뒤에 카르타고인과 로마인 사이에 큰 전쟁이 발발했을 때, 시라쿠사인은 로마인과 카르타고인 중 어느 쪽에 가담해야 할 것인지를 논의하게 되었다. 그런데 친로마파, 친카르타고파가 똑같이 열렬하게 자기주장을 양보하지 않는 바람에 사태는 암초에 걸린 채 해결이 나지 않았다. 마침내 시라쿠사의 최고 지도자의 한 사람인 아폴로니데스가 아주 지혜에 넘치는 명연설을 했다. 이 연설에서 그는 로마인과 행동을 같이하겠다는 사람이나 또 카르타고에 편들겠다는 사람이나 모두 비난받을 것은 없고, 오히려 그 어느 쪽을 택해야 하는지를 결정하지 못해 우물쭈물하는 일이야말로 파멸의 구렁과 연결되는 일이라고 설득했다. 즉, 이처럼 애매한 상태로 있으면 공화국의 붕괴는 뻔한 일이다. 오히려 어느 쪽에 붙든 간에 그 선택을 분명하게 결정하면 거기서 어떤 밝은 전망도 보일 것이라고 주장했다.

조직의 운영과 관리의 지혜

신상필벌의 원칙

조직을 운영할 때는 상과 벌을 공정하게 적용하는 일이 대단히 중요하다. 동서고금을 통해 조직을 원하는 방향으로 이끌기 위해서 신상필벌信賞必罰의 원칙이 활용되었다는 사실을 상기할 필요가 있다.

회사 구성원이 업무에 충실하게끔 유도하려면 상벌의 원칙이 엄중해야 한다. 공이 큰 개인이나 부서에는 금전적·명예적 보상을 내려 다른 이도 따라하게 한다. 반대로 해야 하는 일을 등한시하거나 금지 조항을 무시했을 때는 불이익이 돌아가도록 조치한다. 이것이 효율적인 조직 운영의 한 방법이다.

능력이 아니라 학연·지연·혈연 등에 얽힌 사람이 더 많은 기회가 갖는다면 누가 성심성의껏 열심히 일하겠는가? 아부에 능하고 줄서기에 급급한 조직은 반드시 망한다.

공정한 평가를 위해 다소 비용이 들더라도 인력을 투입하여 정확히 파악해야 한다. 상벌 제도가 공정하게 시행되지 않는 회사는 절대로 발전할 수 없다. 마침내 인재는 떠나고 기회주의자와 아첨꾼만 남게 되기 때문이다. 회사에 피해를 입힌 사안에 대해서는 감정이 배제된 적절한 제재가 재발 방지와 경각심을 높이는 데 도움을 준다.

뛰어난 업적을 일구어낸 사람이 있다면 그 열기가 식기 전에 바로 보상하는 것이 좋다. 상여금이나 특진 등 여러 방법이 있다. 그리고 회사 전체에 그 사실을 알려 조직을 활성화시킨다. 큰돈이 들지 않는 상장 하나가 모두의 사기를 높일 수도 있다. 비용과 효과를 산출해보면 아마 수천, 수만 배의 이익이 있을 것이다.

주기적인 변화는 조직을 긴장시킨다

고인 물이 썩는 것처럼 변화가 없는 조직은 퇴보하게 마련이다. 주기적인 변화는 긴장감을 갖게 해서 조직이 무기력에 빠지거나 해이해지는 것을 막을 수 있다.

아무리 좋은 제도나 관행이 있더라도 2년 이상이 지속되면 관습화되고 만다. 비록 현행 제도보다 뛰어나지 못해도 과감히 바꾸어 변화를 줄 필요가 있다. 사람은 일정 기간 틀에 박힌 생활을 하면 매너리즘에 빠진다. 그 다음에는 신선미와 독창성을 잃고 새로운

정치, 이렇게 하면 초일류 된다

생각이나 행동을 하지 않게 된다. 변화나 긴장을 주는 방법은 조직에 따라 다양한데, 대체로 다음과 같은 사항을 검토할 수 있다.

- 조직의 이익 목표 상향 조정.
- 책임자 교체.
- 원가절감 목표 제시.
- 고객 만족도의 획기적 향상 제시.
- 책 읽고 토론하기.
- 건강한 몸을 만들기 위한 운동 분위기 조성.
- 세계 최고의 제품 만들기 설정.
- 사무실 자리 이동 배치.
- 건물 벽 등을 다른 색으로 칠하기.
- 작업복 디자인 및 색깔 바꾸기.

회사의 목표 이익률을 실현 가능한 회계수치로 가령 10% 정도 높여 잡는다. 불가능한 수치는 아니다. 이렇게 하면 모든 부서가 긴장감을 느끼게 된다. 잠잠하던 부서도 야단스럽게 만들 수 있다.

책 읽기 모임은 조직에 지적인 활기를 불어넣는다. 회사 전체의 독서회도 좋고 부서별 소모임도 좋다. 어떤 양서를 선정하여 독서 토론회를 갖거나 독후감을 모집하여 시상할 수도 있다. 독후감을 책으로 발간하면 참여도가 훨씬 높아진다. 자기가 쓴 글은 두세 번씩 꼭 읽기 때문에 모임에 애착을 가진다.

건강한 몸을 만들기 위한 운동을 벌이면 회사 전체에 생동감이 넘치게 된다. 각자 자기가 설정한 목표를 달성하도록 유도한다. 건강을 추구하는 일이어서 반감을 사지 않는다.

부서 간에 층을 바꾸거나 자리를 옮기는 것은 매너리즘에 빠진 몸과 마음을 자극하는 효과가 있다. 공장이나 사무실의 벽 색깔을 바꾸거나 작업복의 디자인을 달리하면 업무에 임하는 자세도 달라진다. 새로운 분위기가 새로운 마음가짐을 이끌어내는 것이다. 적절한 변화를 추구하는 회사에서는 노사문제도 줄어든다고 한다.

그러나 인간에게는 안정을 추구하려는 본성도 있어서 너무 급격한 변화는 거부감을 불러일으킬 수 있다. 적응하는 데 어려움이 따르기 때문이다. '시민들이 바뀐 것을 느끼지 못하게 바꾸어야 한다'는 이탈리아의 사상가 마키아벨리의 말은 참고할 만하다.

CEO는 바빠서도 바빠 보여서도 안 된다

CEO는 너무 바빠서도 안 되고 바빠 보여서도 안 된다. CEO의 중대한 임무는 회사의 미래를 설계하고, 환경 변화를 예측하여 그에 대응하는 방안을 제시하는 데 있다. 회사가 경쟁력을 가지면서 지속적으로 발전하는 데 중추적 역할을 해야 한다. 새로운 제품이 개발되는지, 고객 서비스가 원활히 이루어지는지 확인해야 한다. 그리고 앞으로 회사를 이끌어갈 인재를 양성하는 것 등이 CEO가 해야 하는 일이다. 그런 CEO가 부하 직원이 해야 할 일들을 자기 책상 위에 늘어놓고 있으면 안 된다. 정작 자신의 임무에 시간을 할애하지 못하기 때문이다.

CEO가 너무 바빠 보이면 부하 직원이 근접하기가 어려워진다. 필요한 보고를 올리기가 망설여지면 문제가 생긴다.

내가 현대건설의 무역센터 건설 현장 관리부소장으로 근무할 때의 일이다. 당시 현장소장은 아침에 한 번, 오후에 한 번 순회 점검을 마친 뒤 사무실에서 골똘히 생각에 잠기고는 했다. 그분에게 매일같이 무엇을 그리 생각하느냐고 물었다.

"공사가 끝날 때까지 매월 이 현장의 모양이 어떻게 바뀌는지 머릿속에 그려본다네. 그러면 얼마 뒤에 무슨 문제가 일어날지 예측할 수 있고, 그에 따른 해결책을 직원들에게 미리 알려주지."

무역센터 건설은 1988년 9월 17일 서울올림픽 개막에 맞추어 준공해야 하는 빠듯한 공정이었다. 그러나 현장소장의 뛰어난 능력으로 기일 안에 조용히 공사를 마무리할 수 있었다.

이와는 달리 그날그날 일에만 열심으로 매달리는 스타일의 현장소장도 있었다. 무척이나 바쁘게 밤낮으로 뛰어다녔지만, 계속 문제점이 발생하는 형편이었다. 현장은 항상 북새통이고 공사비는 초과되기 일쑤였다.

정주영 회장의 현장 확인 및 관리 기법

CEO는 어떤 일을 파악할 때 수개월에 한 번 정도는 가장 밑바닥까지 샅샅이 체크하는 모습을 보여야 한다. 서류에서부터 작업 현장과 투입 인원까지 꼼꼼히 확인하여 언제든지 구석구석 점검된다는 사실을 인지시킬 필요가 있다. 그렇게 해야 적당히 넘어가는 일이 없고 부실 작업을 사전에 막을 수 있다.

현대그룹의 정주영 회장님은 현장 확인에 나설 때 책임자가 안내하는 대로 따라가지 않았다. 뜻하지 못한 곳을 가서 현장 책임자의 진땀을 빼놓았다.

능력 있는 사람은 대체로 무슨 일을 시켜도 잘해낸다. 그래서 지적당할 기회가 별로 없다. 하지만 그런 상태가 오래 지속되면 아무리 일 잘하는 사람이라도 자만심으로 일을 그르칠 수 있다. CEO라면 가끔은 조그만 잘못이라도 찾아내어 그 이상으로 지적하는 것이 좋다. 항상 처음의 정신을 갖게 하여 균형 잡힌 상태를 유지시킴으로써 매사에 실수하지 않게 하는 것도 CEO의 역할이다.

정주영 회장님이 이런 방법을 쓰는 것을 자주 보았다. 그 효과는 대단히 커서 사장이나 중역들이 긴장감을 놓지 않고 늘 침착한 자세로 작업에 임하도록 독려하는 모습을 여러 차례 목격했다.

중요한 일은 반드시 복수의 사람으로부터 보고 받는 것이 좋다. 그래야 왜곡되거나 변질된 보고를 막을 수 있다. 이 역시 정주영 회장님이 즐겨 사용하던 관리의 기법이다. 특히 해외 현장 또는 해외 지사 관련 업무 시 어김없이 복수 보고 방식이 지켜졌다.

객관적이고 타당한 기준의 승진과 대우

직장 생활 중에서 가장 기쁜 순간은 승진할 때이고, 가장 괴로운 순간은 승진에서 제외될 때일 것이다.

승진은 직위의 등급이 오르는 것을 말한다. 이와 함께 봉급이 따라 오르기 때문에 직장인으로서는 참으로 중차대한 일이 아닐 수 없다. 그러나 그동안 맡았던 직무보다 책임과 권한이 한층 무거워지는 부담도 감수해야 한다.

승진은 직원에게 업무 의욕을 높여서 조직의 능률을 향상시키는 중요한 역할을 한다. 개인과 집단이 같이 성장할 수 있는 계기가 되기에 승진에는 반드시 객관적이고 타당한 기준이 따라야 한다. 만약 그 기준이 불분명하고 불투명하면 구성원들로부터 신뢰받지 못하는 조직으로 전락할 것이다.

승진 제도는 근속 연수에 따른 연공주의와 직무 숙련도에 따른 능력주의가 있다. 이 두 가지를 적절히 반영하는 수도 있으나 일반 기업은 대개 능력주의를 적용한다. 회사에 많은 이익을 준 사람이 승진하는 것은 누구나 인정할 수 있다. 그만한 능력을 갖춘 사람이 그만한 자리에 오르는 것은 타당한 기준으로 평가받는다. 객관성이 결여되어 구성원들이 납득하기 어려운 기준, 즉 연차에 따르거나 학력·인맥·학연·지연 등이 개입될 때 구성원들 사이에서 불만과 반목이 커져서 생산성은 떨어지고 '하루빨리 때려치우고 싶은' 직장이 되고 만다.

회사 업무에 반평생을 바치는 이도 많다. 기업의 성장에 한몫을 한 사람이 퇴사할 때는 세심한 배려가 필요하다. 퇴직 후에도 얼마간은 품위를 유지할 수 있도록 충분히 보상해주어야 한다. 그러면 남아 있는 사람도 기대치가 있어 열심히 일하게 된다. 그런 회사는 조직이 부정에 빠지지 않을 것이며, 충성 사원들로 인해 오래도록 번성할 것이다.

인격적인 모욕과 비난은 절대 금물

직장은 학교처럼 교육 현장이 아니라는 사실을 모두가 명심해야 한다. 가르치기 위해 높은 자리에 있는 것도 아니고 가르침을 받기 위해 낮은 자리에 있는 것도 아니다. 영리를 목적으로 하는 '회사'에 모두가 영리를 추구하기 위해 모여 있는 것이다. 말하자면 프로, 즉 직업 선수들의 공간이 곧 직장이다.

남남인 사람끼리 같은 공간에서 서로 부대끼다보면 얼굴을 찌푸릴 일이 생기게 마련이다. 아무리 높은 자리에 있다 하더라도 부하 직원을 나무라거나 불이익을 줄 때는 신중해야 한다. 인격적인 모욕이나 비난은 절대 금물이다. 일 처리를 두고 말을 해야지 그 일을 한 사람에 관해 언급하면 안 된다. 일에 관해 상사로부터 지적받거나 교육받는 것을 그리 못마땅해하지는 않는다. 인격적으로 모욕하지 않으면 오히려 자신을 가르치기 위해 시간을 할애해준 것에 고마워한다. 객관적으로 입증되는 사실을 놓고 그 책임을 묻는 것이 옳다. 그리고 다시 써야 할 사람이라면 며칠쯤 있다가 반드시 위로해주는 것이 인력 관리의 기술이다.

정확하지 않는 정보를 가지고 직원을 비난해서 안 된다. 조직에 피해를 끼친 것으로 심증은 가더라도 확실한 물증이 없으면 그것으로 책임을 지우면 안 된다. 직접 확인할 수 없으나 잘못이 분명하다고 판단된다면 그 사안 외의 다른 사유를 들어 정기 인사 때 조치하는 것이 낫다. 그래야 불만 요소를 없애고, 공연히 사람을 의심한다는 뒷소리가 나오지 않는다. 인사 조치를 당하는 사람은 오히려 개인적인 증오, 판단력의 결여 등 인사권자의 오판이라고 변명할 수 있기 때문이다.

직원의 실수를 지적할 때, 다른 자리로 전출시킬 때, 또는 해고 여부 등 결정적으로 문제점을 제기할 때는 평상심을 잃지 말아야 한다.

오너 앞에 나서는 것은 기회이면서 위기

기업 등의 소유권을 가진 사람을 흔히 오너owner라고 부른다. 회사의 실무 책임자를 가리키는 사장이나 대표와는 근본적으로 다른 존재다. 사장이나 대표는 고용인이 될 수도 있지만, 오너는 실질적인 소유권자이기 때문에 직함이 무엇이든 간에 사실상 가장 큰 영향력을 가진 인물일 수밖에 없다.

피고용인으로서 오너 옆에 다가가는 것은 기회이기도 하면서 위기이기도 하다. 잘하면 올라갈 수 있지만, 잘못하면 내려갈 수 있기 때문이다. 자신이 있으면 앞으로 나서고, 자신이 없으면 뒤에 서 있는 것이 낫다.

오너는 능력 있는 자를 발견하면 중용하고 싶어 한다. 그러나 중역이 능력도 없어 보이는데 높은 자리에 앉아 있다고 판단되면 월급이 아깝다는 생각이 들 것이다. 뿐만 아니라 그가 책임을 맡고 있는 부서가 비효율적으로 움직이지나 않을까 우려스럽기 때문에 빨리 그만두게 해야겠다고 판단할 수 있다. 따라서 오너 앞에 나서는 것은 신중할 필요가 있다. 좀 치사한 것 같지만, 그것이 회사 생활의 엄연한 현실 이야기다.

협상과 설득의 기술과 기교

상대방의 입장에서 논리를 전개하라

어떤 목적에 부합하는 결정을 내리기 위해 여럿이 서로 의논하는 것을 협상이라고 한다. 국가든 기업이든 사람과 사람이 만나는 자리에는 협상의 기회가 존재하게 마련이다. 세계는 하나의 거대한 협상 테이블이라는 말도 있다. 특히 개인이나 조직의 이익과 연관된 만남에서 협상은 서로가 윈윈win-win하기 위한 최선의 방법이 된다. 따라서 협상의 기술은 조직을 성공적으로 이끌기 위한 아주 중요한 키워드라 하겠다.

협상에 임할 때는 양보해줄 수 있는 아이템을 최대한 많이 준비해야 한다. 이익을 목적으로 하는 기업 간의 경우를 생각해보자. 상대방이 금액을 올리고 싶어 할 경우 훨씬 낮은 금액부터 시작하여

정치, 이렇게 하면 초일류 된다

점차 올려주고, 상대방이 금액을 낮추고 싶어 할 경우 훨씬 높은 금액부터 시작하여 점차 낮춰준다. 상대 협상자들이 자기 진영에 가서 많은 노력을 기울여 양보를 받아냈다고 이야기할 거리를 만들어주어야 성공할 가능성이 높아진다.

미리 상대방의 입장을 지레짐작해서 우리가 요구할 사항을 스스로 낮출 필요는 없다. 이쪽 입장에서 중요하다고 생각하는 아이템이 상대방에게는 그리 중요하지 않을 수 있기 때문이다. 우리에게는 별로 중요하지 않은 다른 것을 양보하고 우리에게 중요한 아이템을 양보받을 수 있는 것이다.

현대아산 개성공단 사업관리본부장으로 재직하면서 개성공업지구특별법 시안을 만들 때의 일이다. 이에 관한 자세한 이야기는 이 책의 3부에 밝혔기에 여기서는 협상과 관련된 내용만 간략히 소개하기로 한다.

공단관리 이사장 자리를 북측에 맡길 것인가 남측이 맡을 것인가를 놓고 현대아산 관계자 사이에서 의견이 분분했다. 나는 남측이 맡아야 공단이 성공적으로 운영될 수 있다고 주장했고, 대부분은 북측이 거부할 것이 뻔한데 괜히 분위기만 악화시킬 것이라며 반대했다. 사업 성공을 위해 매우 중요한 사안이기에 먼저 설득해보고, 그래도 안 되면 이사장 자리를 북측에 내주자는 나의 의견에 마침내 동의했다.

금강산에서 첫 회의가 열렸다. 예상대로 북측에서 난리가 났다. 나는 험악한 분위기 속에서 왜 남측 인사가 이사장을 맡아야 하는지를 조목조목 설명했다. 나의 논리는 대략 이러했다.

남쪽 기업들은 자기 돈으로 사업을 하기 때문에 정부의 말도 듣지 않는다. 시장경제의 구조를 잘 모르는 북측 인사가 이사장을 맡으면 아무도 선뜻 들어오려 하지 않을 것이다. 여러분이 열심히 일해서 개성공단을 이루어놓았는데 입주 회사가 없으면 문책될 것이다. 여러분과 북조선, 그리고 현대아산을 위해서 이사장은 남측 사람이 맡는 것이 옳다. 북측 사람이 시장경제를 이해하게 될 즈음에 자리를 북측에 넘겨주겠다.

이렇게 북측을 설득하여 우리의 원안대로 공단관리 이사장을 남측이 맡게 되었다. 이처럼 협상에서는 상대방의 입장에서 논리를 전개하면 설득력이 높아진다.

정성이 지극하면 하늘도 감동한다

협상 테이블에는 이쪽의 인원이 상대방보다 적으면 안 된다. 최소한 같거나 더 많도록 구성해야 한다. 머릿수를 채우기 위해서는 협상에 능하지 못한 이라도 데려가야 한다. 수가 적으면 심리적으로 위축되고 상대방은 강해져서 협상에 불리하다. 특히 민원인을 상대로 하는 협상처럼 힘의 논리가 작용하는 경우에는 더욱 그렇다.

상대방이 공적을 세웠다고 자부할 수 있는 방안을 제시해야 한다. 예를 들어 1000만 원을 받아야 하는 사업의 경우 1500만 원을 제시하고 500만 원을 할인해서 1000만 원에 합의하면 이쪽의 목적도 이루면서 상대방에게도 승리감을 안겨주는 계약이 될 것이다.

저쪽도 협상을 끝내고 돌아가서 당당히 보고할 수 있게 해주어야 한다.

상대가 여성일 때는 이성理性보다는 감성感性에 호소해야 성공 가능성이 높아진다. 압구정동 현대 사원 조합 아파트 건설 당시의 경우가 그렇다. 인근 아파트 주민들의 강력한 항의를 모성애와 자비심에 호소함으로써 원만한 결말을 볼 수 있었다. 이에 관한 이야기는 이 책의 3부에 자세히 밝혔기에 여기서는 협상과 관련된 내용만 간략히 소개하기로 한다.

압구정동의 기존 아파트 주민들은 현대 사원 조합 아파트가 들어설 경우 조망권이 침해받는다면서 층고를 낮추라고 요구했다. 사원 조합 아파트여서 쉽게 결정할 사안이 아니었다. 당시 부조합장이던 나는 대다수가 여성인 주민과의 협의 자리에서 입주할 사원들의 애틋한 사연을 있는 그대로 털어놓았다. 모두가 절박한 사정이다보니 누구를 뺄 수 있겠느냐면서 아직 넉넉하지 않은 젊은이들이 훌륭한 주민들의 이웃으로 살아갈 수 있도록 도와달라고 호소했다. 결국 주민들의 항의는 잠잠해졌고 사원 조합 아파트는 원안대로 준공되었다.

'지성이면 감천'이라는 말이 있다. 정성이 지극하면 하늘도 감동하게 된다는 뜻으로, 무슨 일에든 정성을 다하면 아주 어려운 일도 순조롭게 풀리어 좋은 결과를 맺을 수 있다. 때로는 정공법正攻法이 훌륭한 해결책이 되기도 한다. 기교한 꾀나 모략을 쓰지 않고 정정당당히 맞서면 상대도 감동하게 된다.

알아두면 쓸데 있는 협상의 기교들

개인이나 기업뿐만 아니라 국제사회에서 벌어지는 각종 협상은 그 내용과 방법은 다르더라도 하나의 공통점이 있다. 협상의 상대는 로봇이나 사물이 아니고 감정이 있는 사람이라는 점이다. 인간관계를 돈독히 유지하는 데 있어서 가장 중요한 요소는 신뢰다. 그러므로 먼저 신뢰를 쌓는 것이 급선무다.

서로가 믿지 못하는 상태에서는 협상이 이루어질 수 없다. 아무리 좋은 조건이 나와도 믿을 수 없기에 약정하기 어렵다. 그러나 상대가 믿을 만한 사람이라는 것이 확인되면 손익계산에서 양보는 미덕으로 통한다.

협상은 혼자 하는 것이 아니다. 협상 테이블에 앉는 것은 거울 앞에 앉는 것과 같다. 내가 인상을 쓰면 거울 속의 모습도 인상을 쓰고, 내가 미소 지으면 거울 속의 모습도 미소 짓는다. 상대가 화난 얼굴을 보이더라도 웃는 얼굴로 비추어주는 요술 거울이 된다면 더 유리한 입장에 설 수 있다.

인내는 협상에서 대단히 중요한 기술이다. 나의 이익만을 생각하고 서두르는 것은 금물이다. 상대도 나 못지않게 이익을 챙기고 싶을 것이다. 모든 것은 때가 있게 마련이다. 배가 고프다고 솥뚜껑을 미리 열면 밥이 설익는다. 상대도 나만큼 배가 고프기에 테이블에 나와 앉아 있다. 적절한 때가 올 때까지 참고 기다리는 것이 협상의 비책이다.

세상에 공짜는 없다. 협상에서 공짜를 바라서도 안 되지만, 주어서도 안 된다. 베풀 수 있는 양보는 철저히 교환에 활용해야 한다. 이는 물건을 사고팔 때와 같은 이치다. 팔아서 이득을 보아야 하고 사서 이득을 보아야 좋은 거래가 이루어진다. 교환을 목적으로 하는 이 같은 창조적 양보는 많이 마련해둘수록 유리하다.

비록 협상에 성공했다 하더라도 보다 중요한 일이 남게 된다. 바로 화해의 시간이다. 협상은 주로 이해관계에서 비롯되기에 뜻하지 않은 문제로 갈등에 휘말릴 수 있다. 화해가 없는 협상은 내일이 없는 오늘과 같다. 이쪽과 저쪽이 좋은 관계를 이어가기 위해서라도 화해는 협상의 최종 목적이 되어야 한다.

많은 사람을 설득하는 기술

한 사람을 설득하는 것과 다수를 설득하는 것은 그 방법에서 차이가 있다. 한 사람의 경우는 그가 원하는 바를 파악하기 쉽지만, 다수의 경우는 희망 사항이 각각 다를 수 있어 그만큼 치밀한 전략이 요구된다.

선거는 바로 다수를 이편으로 만들어야 하는 설득의 최전선이다. 각종 단체의 선거는 그나마 쟁점이 모일 수 있어 유권자들의 요구 사항을 파악하기 쉬운 편이다. 그러나 정치권의 선거는 유권자들의 연령이나 형편 등이 저마다 다르기 때문에 모두의 바람을 충족할 수 있는 공통분모를 이끌어내기가 만만치 않다.

불특정 다수를 상대로 하는 선거에서는 내가 내놓는 방안이 당신에게 어떤 이익을 주게 되는지 분명하게 밝혀야 한다. 내가 당선되는 것이 이 지역 또는 이 나라의 발전에 어떻게 기여하게 될지 구체적으로 제시해야 한다. 다수의 시민은 자기 자신과 가족에게 보탬이 되는 사람인가 아닌가를 두고 지지 여부를 결정한다. 그것은 인간의 본성에 가까운 당연한 선택의 기준이다.

2008년 국회의원 선거 당시 정몽준 후보의 홍보를 도운 일이 있다. 처음부터 그 일을 맡은 것은 아니고 중도에 참여하게 되었는데, 막상 선거 사무실을 점검해보니 유권자를 설득할 기본 지침이 마련되어 있지 않았다. 그저 방문하는 주민들에게 한 표를 부탁한다고 당부하는 정도였다.

가장 먼저 한 것은 사진을 내다 거는 일이었다. 울산의 현대 계열사에 연락해서 정 후보가 관여한 시설물과 운영 내용이 담긴 사진을 보내달라고 요청했다. 20~30장의 사진을 서울 동작 을 선거 사무실 벽에 붙여놓고 주민들에게 이야기하기 시작했다.

백 번 듣는 것보다 한 번 보는 것이 낫다고 한다. 각종 시설물과 운영 내용이 담긴 사진을 가리키며 정 후보가 당선되면 발전하게 될 지역의 모습을 그려보게 했다. 그리고 정 후보가 당선되면 한 가구당 얼마만큼의 혜택이 돌아가게 되는지 수치를 들어 설명하고, 또 재개발 문제도 잘 해결될 수 있다는 점을 강조했다.

"이 사람을 당선시키는 것이 여러분과 이 지역과 나라를 위하는 일입니다. 이제 이 사무실을 나가시면 무슨 일을 해야 하시겠습니까? 이웃에게 정몽준을 찍자고 하셔야겠지요!"

다수를 설득하기 위해서는 우선 실제적인 예를 들며 쉽게 이야기해야 한다. 본인에게 어떻게 얼마나 이익이 돌아가고 공동체에도 어떤 도움이 되는지 세세히 밝힐 수 있어야 한다. 다수의 대중은 저마다 분주한 일상생활로 남의 복잡한 사정까지 일일이 헤아려줄 여유가 없다. 따라서 이쪽에서 먼저 생각해주고 손익을 추려내서 한번에 알 수 있게 해야 지지를 얻어낼 수 있다.

선거에 나선 후보들은 누구나 똑같이 자신이 최고의 적임자임을 강조한다. 유권자로서는 피곤하고 식상할 따름이다. 내가 잘났다는 추상적인 구호보다 구체적인 사례와 수치가 다수를 설득하는 가장 확실한 무기가 된다.

인간의 사고와 행동 법칙을 파악하라

인간에게도 그 움직임의 법칙이 있다

인간의 사고와 행동 법칙을 깨닫는 것은 살아가는 데 큰 도움이 된다. 인간의 마음이 어떻게 움직이는지를 잘 안다면 좋은 인간관계를 만들거나 조직을 이끌어가거나 협상과 설득, 그리고 상품의 판매 등 사람에 관계된 모든 일에 많은 보탬이 된다.

사람은 누구나 사람들 사이에서 어울려 살아가게 된다. 그런데 사람이 어떤 상황에서 어떻게 움직이는지 그 사고와 행동의 법칙을 알고 있는 사람과 모르는 사람의 성공 가능성은 큰 차이를 내게 되는 것은 당연하다.

자연에는 어떤 움직임의 법칙이 있듯이 인간에게도 그 움직임의 법칙이 있다. 우리가 과학을 통해 자연을 이해하고 자연을 유용하게 이용하는 것과 같다.

인간의 사고와 행동의 법칙을 잘 습득한 사람은 인간에 관한 모든 일에 있어서 우수한 능력을 발휘하게 된다. 인간의 사고와 행동 방식에 대해 학문적이 아닌, 그야말로 생각나는 대로 적어본다.

- 돈과 명예를 사랑한다.
- 안전하기를 희망한다.
- 자유로운 삶을 원한다.
- 모욕당하는 것을 싫어한다.
- 여성은 아름다움을 소중히 여긴다.
- 남자는 능력 있는 자가 되고 싶어 한다.
- 칭찬받기를 원한다.
- 집단을 이루어 친교하면서 살기를 바란다.
- 경쟁하는 것을 즐긴다.
- 축제를 즐긴다.
- 노래와 춤을 좋아한다.
- 다양한 것을 좋아하며 지루한 것을 싫어한다.
- 갑작스런 큰 변화는 불안하게 여겨서 싫어한다.
- 계속 조금씩 변화하는 것을 원한다.
- 리더를 원한다.
- 편리한 것을 좋아한다.
- 익숙한 것을 안전하고 편안하게 받아들인다.
- 과거의 기억은 버리고 현재의 상황을 중시한다.

- 미래를 우려하고 대비한다.
- 무료하고 단순한 것을 꺼린다.
- 호기심과 수치심이 많다.
- 투쟁하기를 좋아한다.
- 스스로 가치를 부여하고 추구한다.

군중심리에 대한 이해

동료 의식의 발동으로 무비판적 동조

인간은 많은 사람이 같은 공간에 모일 때 자제력을 잃고 쉽사리 흥분하는 경향이 있다. 무리 속에서는 다른 사람의 언동에 따라 움직이게 되는 일시적이고 특수한 심리 상태에 빠지기도 한다. 이를 심리학에서는 군중심리라고 일컫는다.

많은 사람이 같은 목적을 가지고 함께 모여 벌이는 군중집회는 곧 잘 감성적으로 흐른다. 주동자의 충동적인 발언에 쉽사리 동조되며, 집단 에너지로 바뀌어 때로는 격렬한 물리적 행동으로 발전하기도 한다.

그 이유는 불확실한 토대 위에 서 있던 개인이 단체행동에 참여할 것인가를 두고 갈등하고 있는 동안은 종종 고독에 빠지지만, 일단 여러 사람과 합세하기로 하면 동료의식에 의해 용기와 힘이 생겨나기 때문이다. 개인이 군중의 주의 주장을 암암리에 신봉하는 수많은 사람에 둘러싸이면 그들이 암시하는 마술적인 강제에 의해

휩쓸리게 되는 것이다.

군중집회 시 연설 효과는 하루 중 오전 10시, 오후 2시, 저녁 8시 등에 따라 크게 차이가 나는데, 저녁 시간이 가장 효과가 크다. 저녁 시간에는 모든 동물들이 감성적이 되고 비논리적으로 바뀌는 경향이 있다. 어둠 속에서는 사물이 잘 보이지 않기 때문에 옆사람이 움직이는 대로 따르는 것이 위험을 피하는 방법이라는 본능이 있기 때문이다. 동물들의 세계에서 자주 일어나는 일이다.

개인은 군중 속에 들어가면 눈짓에 의해, 몸짓에 의해, 말에 의해 자신의 생각이 혼자만의 것이 아님을 느끼게 된다. 자신이 곧 다수 속에 포함된다는 점에 크게 고무되며, 서로 의식적·무의식적으로 영향을 미쳐 흥분된 상태의 감성으로 발전하게 된다. 이때 누가 어떤 선동적인 발언이라도 하면서 행동으로 옮기면 상호 암시에 의해 무비판적으로 동조한다. 다수가 같은 행동을 하게 되어 책임 의식이 분산되고 곧 극렬한 행동으로 발전할 수 있다. 무리에서 이탈하면 생존이 위험하다는 본능에 따르는 것이다.

인간, 무한 경쟁에서 살아남은 존재

현재의 인류는 생존을 위한 무한 경쟁에서 살아남은 존재들이다. 즉, 경쟁 심리가 약한 종은 이미 도태되었다고 보면 된다. 아주 오랜 기간 치열한 경쟁 구도 속에서 살아남게 했던 유전자가 오늘날 인류의 몸속에 고스란히 박혀 있는 것이다. 따라서 좋든 싫든 경쟁은 인간의 본능일 수밖에 없다.

이렇듯 경쟁의 힘은 강력하다. 무엇이든 경쟁 구도를 만들어놓으면 관심도가 올라가고 흥미를 이끌어낸다. 개인보다 집단일 때 그 힘은 훨씬 커진다. 모든 스포츠가 그렇다. 넓은 운동장에 공 하나만 던져놓아도 사람들은 죽기 살기로 덤빈다. 실제로 축구 때문에 전쟁이 벌어진 일도 있다. 두 편으로 갈라 공중에 매단 그물 바구니에 공을 많이 넣는 편이 이기도록 정해진 농구에 사람들은 열광한다. 만약 편을 가르지 않으면 그토록 재미있어 하지는 않을 것이다.

TV 예능 프로그램도 흔히 경쟁을 바탕으로 꾸며진다. 오로지 이기기 위해 기꺼이 몸을 내던지는 출연자들의 모습에 시청자는 박수를 보낸다. 운동경기뿐만 아니라 노래·춤·연주 같은 대중예술 분야도 경쟁 구도로 엮어 인기몰이를 한다.

노래·춤·이야기·구경거리·축제를 좋아한다

인간은 일만으로도 살 수 없고 밥만으로도 살 수 없다. 죽으라 일만 하다가는 진짜 죽을 수 있고, 배 터지게 먹기만 하다가는 진짜 배가 터질 수 있다. 휴식과 유희는 삶의 선택 사항이 아니라 필요충분조건인 것이다.

사람은 아주 오래전부터 노래와 춤과 이야기를 좋아했다. 원시시대의 벽화가 이를 증명한다. 그런 행위가 발전하면서 예술이라는 여러 장르로 자리잡게 되었다.

어린 시절 미술대회에서 상장 하나 안 받아본 사람, 노래자랑에

한 번 안 나가본 사람, 낭만적인 문학도가 아니었던 사람은 그리 흔치 않다. 언제나 가슴속에 노래와 춤과 이야기를 품고 있는 것이 인간이다.

노래는 사람의 감정을 가라앉히게도 하고 들뜨게도 하고 용기와 힘을 북돋우기도 한다. 육체를 매체로 삼아 사상·감정·정서 등을 율동적으로 표현하는 춤은 주술과 정화의 의미를 함께 지니고 있다. 또 이야기는 다른 사람의 경험을 추체험하게 해서 상상의 영역을 넓혀주는 역할을 한다. 뮤지컬이 각광을 받는 것은 이 세 가지가 어우러져 있기 때문이다. 영상시대로 접어들면서 큰 노력을 기울이지 않고 인간관계의 전개와 해법을 엿볼 수 있는 영화와 드라마가 큰 인기를 누리고 있다.

축제는 재미있는 구경거리이면서 집단의 광기를 발산시킬 수 있는 중요한 장치였다. 또한 경쟁과 대립의 긴장된 구도 속에서 화합을 도모하고 결속력을 다지는 중요한 수단이기도 했다. 고대 로마의 전차 경기나 검투 경기에서부터 브라질의 리오 카니발에 이르기까지 사람들은 각종 축제를 통해 화합과 카타르시스를 추구했다. 각 나라와 지역, 각 민족마다 전통적으로 내려오는 고유한 축제는 지금 이 시간에도 어디선가 신나게 열리고 있을 것이다.

자신의 가치를 인정받고 싶어 한다

인간은 자신의 노동이 가치 있는 행위가 되기를 희망한다. 개인의 이익뿐만 아니라 자신이 속한 집단에 보탬이 되는 일에 보람과 긍지를 느낀다.

어떤 사람에게 삽을 주고 "가로, 세로, 깊이 1미터의 땅을 파고 나서 다시 그 흙으로 구덩이를 메우는 일을 반복하면 품삯을 주겠다"라고 한다면 과연 얼마 동안이나 지속할 수 있을까? 처음 얼마 동안은 대가를 위해 삽질을 하겠지만, 아마도 그리 오래 가지는 못할 것이다. 대부분은 쉽게 지칠 뿐더러 모욕감을 느끼고 삽을 집어던져버릴지 모른다.

직업에 대해 단순히 월급을 받기 위한 생업 수단으로만 인식하게 되면 하는 일에 혼신의 힘을 쏟기 어렵다. 그러면 "목구멍이 포도청이라 먹고살려니…" 하는 푸념만 늘고 생산성은 오르지 않는 지겨운 직장으로 전락한다.

노동의 가치가 얼마나 중요한지 깨닫게 될 때 구성원 개개인의 마음속에 당당한 자부심이 일어난다. 그것은 직원이나 직장 모두에게 물질적·정신적 이익을 가져다준다. 자신이 인류에 이바지하고 싶어 하는 것이 인간이다. 그래서 역사는 이어지고 사회는 발전해왔다.

좁게는 가족과 회사, 넓게는 사회와 국가 등 어떠한 집단이든 그 구성원의 가치를 인정해주는 방식으로 운영되어야 한다. 그래야 그 조직이 활기차게 잘 굴러갈 수 있다.

- 당신은 우리 가족의 든든한 버팀목이다.
- 당신은 우리 회사에 없어서는 안 되는 직원이다.
- 당신의 하는 일은 우리 공동체에 큰 도움이 된다.

- 당신은 이 나라에 꼭 필요한 존재다.

- 당신에게 감사한다.

이런 말을 듣고 좋아하지 않을 사람이 있을까? 그 집단을 위해 더욱 더 이바지하려고 다짐하게 될 것이다.

남자든 여자든 자신의 존재가 무시될 때 분노와 절망을 느낀다. 극단적 선택이라는 비극은 더 이상의 존재 가치를 스스로 찾을 수 없을 때 일어난다.

저마다의 개성과 능력이 인정받아 모두가 하는 일에 보람과 긍지를 느끼는 사회, 개인의 가치가 존중받는 사회를 만들어가야 한다. 질시와 반목이 넘치는 곳에서는 밝은 미래를 기대할 수 없다. 우리는 지금 어디에 서 있는가?

무리지어 소통하며 살고 싶어 한다

이야기 나누는 수단을 만들어주어 큰 사업을 벌였다.

페이스북Facebook, 트위터Twitter, 카카오톡, 네이버 카페….

인터넷이라는 새로운 소통의 장치가 생겨났을 때, 그것을 이용해 사람과 사람 사이의 원활하고 값싼 소통의 도구를 만들어내자 엄청난 성공으로 이어졌다. 새로운 기술이 태어나면 그것을 적용하여 인간의 욕구를 충족시키면서 큰돈을 버는 것이다. 즉, 물건이 아니고 서비스를 만들어내어 관심 있는 사람들끼리 모임을 갖게 하는 것이 사업의 계기가 된 것이다.

자유로운 삶을 원하고 지루한 것을 싫어한다

자유는 모든 동물의 가장 기본적인 본성의 하나다. 사람들에게 불필요한 구속을 하지 말아야 한다.

그러면서도 인간은 단조롭고 지루한 것을 싫어한다. 아무리 좋은 음식이나 음악도 매일 반복된다면 이내 싫증을 느끼고 만다. 똑같은 음식을 계속 먹는다는 것은 건강에 좋지 않다는 것을 본능적으로 알게 되고, 같은 것을 계속 보거나 듣거나 만지거나 하는 것은 인간의 두뇌 활동을 저하시킨다는 것을 알기 때문에 본능적으로 싫어하는 것이다.

한 노동법 전문가의 이야기가 있다. 그분은 노동관계 자문을 위해 전국의 많은 회사를 두루 다녔다. 그런데 이상하게도 노동문제가 많이 일어나는 회사는 몇 년이고 변화를 찾아볼 수 없다는 공통점을 발견했다. 그래서 회사의 정문에 들어설 때 정문·담장·사무동·공장 등의 모습이나 색깔이 예전과 똑같고 직원들의 작업복도 똑같으면 '아! 노사문제가 일어났겠구나'라고 판단했다고 한다. 회사 사람들과 이야기를 나누어 보면 실제로 그렇다는 것이다.

그는 노사문제 예방을 위한 방안으로 딱히 변화를 줄 것이 없다면 정문·담장·사무동·공장 등의 색깔이라도 바꾸라고 충고한다. 작업복의 디자인도 바꾸고, 부서의 층수도 바꾸고, 하다못해 책상의 위치라도 바꾸는 것이 좋다는 것이다.

인간은 변화가 없으면 지겨워한다. 그 지겨움의 해소를 위해 회사 내의 인간관계에서 변화를 만들어내려고 한다. 건물을 새로 짓거나 매출을 늘리기가 어렵고, 노동문제가 일어난다면 그런 방안을 시도해보는 것도 좋을 듯하다.

영화나 드라마가 한동안 비슷한 테마나 소재로 만들어져 나온다면 전혀 다른 소재나 스토리로 시나리오를 구성하면 크게 히트할 가능성이 커진다. 회사의 제도가 오래되었다면 조금의 변화를 주는 제도로 바꾸어보는 것이 좋다.

단순한 것을 좋아하기도 하고 싫어하기도 한다

도구 같은 것은 단순하여 배우기 쉽고 정확하며 생산성이 높은 것을 원한다. 반면 놀이 같은 것은 단순한 것을 싫어한다. 놀이 자체가 정확성이나 생산성과는 무관하기 때문이다.

사람은 놀이를 통해 위험부담 없이 경쟁에 참여할 수 있고, 머리를 써서 두뇌를 건강하게 유지하려는 본능적인 욕구가 있다. 따라서 놀이는 될 수 있는 대로 복잡한 것을 원한다. 생각과 생각을 연결하여 새로운 생각을 만들어내거나 사물과 사물을 연결하여 새로운 사물을 만들어내고 싶어 한다. 예컨대 소설·영화·스포츠·비디오게임·미술·음악 등이 그렇다.

익숙한 것에서 편안함을 얻는다

인간은 익숙한 것을 아름답게 여겨 좋아하고, 익숙한 것으로부터 마음의 평온을 얻는다.

이 같은 이유로 황금비黃金比는 인간 두뇌에 익숙한 비율이 된다. 그림, 책 등의 보기 좋은 가로세로비를 황금비라고 일컫는다. 많은 학자들이 황금비가 가로세로 몇 대 몇인지, 왜 그 비율로 이루어진 사물이 아름다워 보이는지에 대해 연구했다. 그 비율을 연구 방식에 따라 달라서 어떤 이는 1.414라 하고 어떤 이는 1.618이라고 한다. 그러나 그리 의미가 없어 보인다. 인간의 머리는 그렇게 수학적으로 이해하여 아름다움을 느끼지는 않는다.

오래전 황금분할에 대해 곰곰히 생각한 적이 있었다. 그리고 그것은 바로 사람 얼굴의 가로세로비에서 나온 것이라고 결론지었다. 사람은 사람의 얼굴을 가장 관심 있게 바라본다. 매일같이 가장 많이 바라보면서 가장 익숙해져 있는 것이 사람의 얼굴이다. 그러다 보니 얼굴과 비슷한 비율의 사물을 보면 익숙하게 느껴지는 것이다. 익숙한 것이 편안하고 아름답게 받아들여지게 된다. 대체로 서양 사람의 얼굴과 동양 사람의 얼굴 비율이 조금 다르다. 동양 사람은 1:1.4 정도이고, 서양 사람은 1:1.6 정도이다.

흔히 미팅 같은 첫 만남 때 상대방의 얼굴 형태가 자신의 얼굴 모양과 비슷하면 무의식적으로 호감을 느끼게 된다. 여성 쪽에서 마음에 드는 남성을 고르게 하고 나서 선택된 남성의 얼굴을 컴퓨터 프로그램을 통해 여성으로 바꾸자 바로 그 여성의 얼굴형이 그려졌다는 실험도 있다. 부부간에 서로 닮아간다고들 하나 오래도록 같이 살아서 그런 것이 아니라 애초에 비슷한 사람끼리 호감을 갖고 만나 살아왔기 때문이다.

정치, 이렇게 하면 초일류 된다

갑작스럽거나 지속적인 변화는 불안해서 싫어한다

사람은 갑작스러운 큰 변화나 계속되는 변화는 불안하게 생각해서 싫어한다. 일정한 멜로디를 조금씩 변화시키면 같은 것을 듣는 편안함과 변화의 즐거움을 함께 얻는다. 명곡을 유심히 들어보면 대개 그런 식으로 구성되어 있음을 알게 된다.

과거보다 현재 상황을 소중히 여긴다

사람은 과거의 기억은 잊으려 하고 현재의 상황을 소중하게 여긴다. 과거에 자신에게 잘못을 저질러 싫어했던 사람도 현재 자신에게 도움이 된다면 기꺼이 과거는 잊어버리고 그와 같이 일한다. 사람은 현재 상황에 의해 존재하기 때문이다.

나도 부자가 될 수 있을까?

재산의 형성과 관리

버는 것보다 적게 쓰는 것이 중요하다

현대그룹 정주영 회장님의 비서로 근무할 때의 일이다.

강릉 경포대에서 신입사원 하계 수련회가 열렸다. 한 신입사원이 이 자리에 참석한 정 회장님에게 질문했다.

"회장님, 어떻게 하면 부자가 될 수 있습니까? 비법이 있으면 알려주십시오."

정 회장님의 답변은 간단했다.

"버는 것보다 적게 쓰면 부자가 됩니다."

남다른 비법이라도 기대한 듯 그 자리에 모인 신입사원들의 얼굴

정치, 이렇게 하면 초일류 된다

에 순간 실망의 빛이 역력했다. 그로부터 수십 년이 지난 지금, 나 또한 그 한마디의 진리를 비로소 깨닫게 된다. 아무리 많이 벌어도 씀씀이가 크면 가난할 수밖에 없지 않겠는가?

가끔 김밥이나 떡볶이 장사를 한 할머니가 거액을 기부하는 미담을 접하게 된다. 많이 벌어서가 아니라 많이 쓰지 않았기에 그렇게 큰돈을 모을 수 있었을 터이다.

먼저 자기 본업에 충실하기

성공을 위한 가장 빠르고 확실한 방법은 자기 본업에 충실하는 일이다. 회사에 다닌다면 직장 생활에 충실해서 진급을 하고 월급을 많이 받는 것이 가장 경제적인 성공 방법이다. 부업을 한다고 본업을 게을리하며 회사 일은 뒷전이면 어느 하나 제대로 이루기 어렵다. 처음에는 잠시 덕이 되는 듯 보일 수도 있으나 오래지 않아 비효율적임을 알게 된다. 한 마리 토끼도 잡기 어려운데 두세 마리 토끼는 훨씬 잡기 어려운 것이 세상 이치다.

유행을 따라가는 것은 어리석은 짓이다. 남의 말만 듣고 요행을 바라는 식으로 주식이나 코인 등에 투자했다가는 낭패를 볼 수도 있다. 그 분야의 전문가로 자처하는 사람들마저 쪽박을 차기도 한다. 남이 장에 간다고 거름 지고 장에 가서는 시간만 허비한다. 일시적 현상에 휘둘리다보면 정작 본업의 내공이 쌓일 틈까지 빼앗기고 만다.

안타깝게도 '투잡', '스리잡'이라는 말이 흔하게 오가는 오늘이다.

모두가 나름의 사정이 있어 어쩔 수 없는 선택이겠지만, 짬짬이 관심 분야에 대한 공부는 해둘 필요가 있다. 관련 도서를 찾아 읽고 전문 지식을 늘려놓는 것은 바람직하다. 본업이라고 여겼던 일이 뒤바뀔 수도 있는 것이다.

그러나 항상 현재의 본업에 충실하는 자세야말로 부자가 되기 위한 가장 확실한 투자라는 사실을 잊어서는 안 된다. 성공한 사람들의 보편적인 특징은 송곳처럼 한곳을 향해 돌진했다는 점이다.

신용이 곧 자본이다

영국 속담에 '신용은 자본이다'라는 말과 '신용을 잃은 자는 세상에 대해 죽은 자와 같다'는 말이 있다. 신용이야말로 세상을 살아가는 데 꼭 필요한 가치라는 얘기다.

국립국어원 《표준국어대사전》에 '신용'은 두 가지로 설명되어 있다. 하나는 '사람이나 사물이 틀림없다고 믿어 의심하지 않는 것'이고, 다른 하나는 경제학 용어로서 '거래한 재화의 대가를 앞으로 치를 수 있음을 보이는 능력'이다. 신용은 인간관계와 사회생활의 필수 요건이자 곧 능력인 것이다. 한자의 신信은 사람 인ㅅ 변에 말씀 언言이 붙어 있는 글자다. 사람의 말은 믿을 수 있어야 한다는 뜻이다.

현대그룹 정주영 회장님이 맨 처음 사업에 발을 들여놓게 된 것도 신용 덕분이었다. 강원도 통천에서 무작정 상경한 뒤 막노동을 전전하던 19세 청년은 쌀가게에 배달꾼으로 취직했고, 4년 뒤 주인으로부터 감히 엄두도 낼 수 없는 제의를 받았다. 난봉꾼처럼 가

정치, 이렇게 하면 초일류 된다

산을 탕진하는 아들 때문에 의욕을 잃은 주인이 부지런하고 성실한 청년에게 쌀가게를 통째로 넘겨준 것이었다. 결국 청년은 그동안 쌓였던 신용만으로 자본금 한푼 없이 고객과 거래처를 고스란히 물려받게 되었다.

"일을 성공시킬 수 있다는 신용만 얻어놓았다면 자본은 어디든지 있다."

정주영 회장님은 이렇게 술회한 바 있다.

신용은 사회적 자본으로서도 대단히 중요한 자리를 차지한다. 신용이 없으면 감시 비용, 거래 비용, 시간 비용 등이 많이 들기 때문에 손실이 크다. 글자 그대로 신용이 곧 돈이 되는 것이다. 특히 세계가 하나의 시장이 되어 실시간으로 돌아가는 정보화사회에서 신용은 단순한 현금 그 이상의 의미를 지닌다.

10년을 내다보는 미래에 대한 대비

직장을 그만두게 되었을 때

미래는 암흑에 가려 있어서 앞날을 내다보기는 지극히 어렵고 불확실하다. 어둡다고 해서 두려워하고 있을 수만은 없다. 현재의 무기를 잘 갈고 다듬어놓으면 충분히 맞설 수 있는 것이다.

다니던 회사를 갑자기 그만두게 되었을 때 돈 벌 수 있는 방법을 미리 생각해둔다. 회사에 다니면서 10년, 20년, 30년을 내다보며 사업이나 일할 수 있는 거리를 관찰하고 연구한다. 이는 미래를 대비하는 일이지 한눈을 파는 일이 아니다.

회사가 나를 필요로 할 때는 서로 좋지만, 언제까지나 그러리라는 보장은 없다. 회사는 이익을 목적으로 하기 때문에 필요성이 없어질 수도 있고 형편이 뒤바뀔 수도 있다. 그럴 때는 미련 없이 떠날 수 있게 준비해두어야 한다. '하루아침에'라는 말이 있듯이 앞날은 누구도 장담하지 못한다. 자신이 아니라 남의 잘못 때문에도 사직해야 할 때도 있고, 회사 사정이 나빠져서 그만둘 수도 있다. 이때 미리 대비해둔 아이템이 있다면 구차하게 더 이상 필요가 없다는 회사에 매달리지 않아도 된다.

나는 39세에 이사대우가 되었지만, 정주영 회장님이 현업에서 손을 떼면서 50세에 물러나야 했다. 부장, 이사, 상무를 거치면서 현대건설에서 가장 앞서가던 사람이었으나 졸지에 그만두게 된 것이다. 알 수 없는 앞날이 나를 기다리고 있는 기분이었다. 이 같은 일은 누구에게나 닥칠 수 있기에 미리 그때를 준비해두어야 한다.

- 사업은 자신이 가장 잘 아는 분야에서 시작해야 한다.
- 남다른 기술이 있거나 기술사 자격증이 있는 사람은 다른 직장에서 환영받을 수 있을 만큼 실력을 쌓아야 한다.
- 가까운 사람이 하는 사업 중 유망한 것을 찾아본다. 바로 현장으로 가서 직접 볼 수 있고 내용을 파악할 수 있어서 좋다.
- 무엇이든 10년 정도는 해봐야 그 일을 충분히 이해하게 된다. 자신이 잘 모르는 분야, 아니면 그 분야에 별로 경험이 많지 않은 사람이 소개한 곳에 투자하면 백전백패다.

　　　　　　　　　　　　　　정치, 이렇게 하면 초일류 된다

사업에 실패하지 않으려면

17세기 영국의 철학자 베이컨은 '아는 것이 힘이다Knowledge is power'라고 말했다. 지식이 곧 권력이라는 얘기다. 지식과 힘은 일치한다. 이는 사업에도 그대로 적용된다.

자의든 타의든 직장을 그만두고 새로운 일을 벌이고자 할 때 가장 먼저 '무엇을 하나?'라는 벽에 부딪힌다. 빨리 무엇인가 시작해야 한다는 초조감에 섣부른 선택을 하는 수가 있다. 조바심에 귀는 점점 얇아져서 남의 말에 혹하기 쉽다. 자신이 잘 모르는 분야에 무턱대고 덤벼서는 안 된다. 남이 설계하는 사업은 벌이지도 말고 투자도 삼가야 한다.

그 대표적인 예로 연예인들의 실패담을 들 수 있다. 대개 자신의 전문 분야인 연기·음악·코미디 등과 관련없는 엉뚱한 분야에 손을 댔다가 실패한 경험담들이다. 대중은 그의 예능적 재능을 좋아하는 것이지 그와 아무 상관없는 비즈니스 아이템까지 높이 사는 것은 아니다.

'독창적인 아이디어'라는 말에 현혹되면 안 된다. 아이디어는 어디까지나 아이디어일 뿐, 그것이 상품화되기까지는 수많은 과정을 거쳐야 한다. 독특한 생각이 사업으로 성공하기 위해서는 철저한 시장조사가 뒷받침되어야 한다. 고객은 기발한 아이디어가 아니라 필요한 상품을 원하기 때문이다. 남이 하지 않고 있는 일은 함부로 벌이면 안 된다. 대개 잘 안 될 것으로 판단해서 남들도 하지 않는 경우가 많다.

재산의 올인은 금물, 10년을 내다보는 투자

무슨 일이든 통 크게 벌인답시고 자기가 가진 재산의 전부를 걸어서는 안 된다. 비록 내일 당장 벼락부자가 될 만한 사업이라 여겨지더라도 세상에 절대적으로 안전하고 확실한 사업은 존재하지 않는다. 그야말로 황금알을 낳는 사업이나 일확천금의 투자 기회를 자기 혼자만 알고 있을 리 없다. 누군가 그런 제의를 해온다면 대체로 함정이기 쉽다. 생각해보라. 그렇게 좋은 사업이라면 자기 혼자 하지 왜 남에게 주겠는가? 자신의 운명을 타인에게 맡기는 오류는 범하지 말아야 한다. 자신은 가족과 주변 여러 사람들의 행복을 책임지고 있는 몸임을 잊지 말아야 한다.

사업이 결정되고 일단 뛰어들었다면 10년은 내다보아야 한다. 그만큼의 시간은 투자되어야 그 일을 제대로 이해하게 된다. 어떤 일을 10년 정도 꾸준히 할 수 있으면 적어도 먹고사는 데는 별 지장이 없을 것이다.

인간에게 재산이란 무엇인가?

사람들은 더 많은 재산을 갖고 싶어 한다. 그러나 역설적이게도 많은 불행이 이 재산에서부터 비롯된다. 재산이 그 소유주에게 즐거움이 되어야지 괴로움의 원천이 되어서는 안 된다.

빌딩을 소유한 사람이 공실률이 높아졌다고 매일 고민하고 괴로워한다면 그 빌딩이 본인에게 무슨 도움이 되겠는가? 재산이 1000억 원에 이르는 어떤 사람은 이자를 받기로 하고 3억 원을 빌려주었다가 떼였다. 그는 매일같이 자장면으로 점심을 떼우던 자린고비여서 너무 상심한 나머지 매일 술을 마시다가 결국 간경화로 죽었다. 정말 이 같은 일이 현실에서 일어난다.

재산을 모으기로 작정한다면 미리 개념을 설정해두어야 즐겁게 일하고 행복한 삶을 누릴 수 있다. 1000억 원의 재산을 가진 사람이라면 3억 원쯤 잃어버린들 살아가는 데 무슨 문제가 있겠는가? 재산에 대한 개념과 목적이 없었기에 행복의 원천이 아니라 오히려 눈물의 씨앗이 되어버린 것이다.

오로지 재산 그 자체를 목적으로 힘겹게 살아가는 사람이 의외로 많다. 왜 재산을 모으려 하는가? 소중한 나의 시간과 맞바꿀 만한 가치가 있는가? 나에게 재산이란 과연 어떤 의미인지 다시 한 번 설정할 필요가 있다. 크든 작든 돈이 삶을 즐겁게 하는 도구가 되도록 사고방식을 바꾸어야 한다.

백만장자로 가는 10가지 길

① **자기 사업을 시작하라.** 사전 작업이 끝났으면 자본이 많든 적든 먼저 착수해야 한다. 돈을 모아서 시작하려고 하지 마라. 그때는 이미 늦다. 사회 여건이나 시장 환경이 바뀔 수 있다.

② **되도록이면 젊을 때 시작하라.** 젊은 시절에는 힘이 넘쳐서 추진력이 강하다. 잃을 것이 적으며 실패한다 해도 다시 일어날 체력과 정신력이 있다.

③ **수요가 늘어나는 사업을 하라.** 수요가 줄어드는 사업에서는 노력과 재주가 별 소용이 없다.

④ **새로운 기술을 적용하는 사업을 하라.** 디지털 환경은 하루가 다르게 변하며, 이에 따라 사업 구조도 빠르게 바뀐다.

⑤ **정부 정책에 부응하는 사업을 하라.** 정부로부터 도움을 받을 수 있고, 새로운 수요도 많이 일어날 수 있다.

⑥ **새로운 법규에 주목하라.** 새로운 법규에 따라 일어날 수 있는 수요를 충족하는 사업이 보다 유망하다.

⑦ **당장 수익이 나는 사업을 먼저 하라.** 수익을 내는 일이 있으면 그것을 먼저 해서 돈을 벌고, 그 돈을 가지고 자기가 원하는 사업을 하는 것도 좋다.

⑧ **사업에서 성공한 사람들의 공동체 속에 들어가라.** 취미 모임이나 봉사 단체, 경영대학원 등에 참여해서 성공한 사람들과 어울리는 것도 좋다. 그들은 후배를 도울 수 있는 여유를 갖고 있어서 큰 기회가 생길 수 있다.

⑨ **잘 되고 있는 사업에 주목하라.** 잘나가는 사업을 벤치마킹해서 그보다 조금 앞선 요소를 추가하면 유리하다. 성공이 검증된 사업을 하는 것이 가장 안전하다.

⑩ **세계 경제의 흐름을 읽고 사업의 방향을 정하라.** 세계 경제의 흐름에 따라 자기 사업의 방향을 정해야 한다. 예를 들면 금리 동향, 불황과 호황, 새로운 소비 경향, 사양산업과 새로운 경쟁자 출연 여부 등이다.

정치, 이렇게 하면 초일류 된다

위의 10가지가 마음속에 충분히 저장되었다면 현실적으로 가장 필요한 것이 시드머니seed money, 즉 종잣돈이다. 처음 1~2억 원을 모으는 것이 어렵지 일단 모으고 나면 불리기는 것은 그보다 한결 쉽다.

이 글의 첫머리에 말했듯이 목돈을 만드는 가장 현실적인 방법은 씀씀이를 줄이는 일이다. 남 보기에 좀 궁상스러워 보이더라도 내 핍 생활이 내 꿈을 이루는 첫걸음이라고 다짐해야 한다. 남이 내 사업을 일구어주지 않는다.

돈 빌려주기, 돈 빌리기

돈은 가급적 빌려주지 않는 것이 최선이다. 돈거래로 인해 불행한 관계에 빠지는 예를 주변에서 흔히 볼 수 있다. 크고 작은 사건 사고가 심심찮게 보도되기도 한다.

돈거래는 주로 자금을 빌려줌으로써 얻게 되는 이자 등의 이득에 현혹되어 이루어진다. 약속이 지켜진다면 나쁠 것 없겠으나 그렇지 못한 경우가 허다하기에 문제가 된다. 우리 속담에 '앉아서 주고 서서 받는다'는 말이 있듯이 중국에도 '서서 변돈을 놓고, 무릎을 꿇고 빚을 독촉한다立着放債 跪着討錢'는 경구가 있다. 돈거래가 그만큼 어렵다는 뜻이다.

목돈을 마련하려 애쓸 때면 흔히 돈거래를 하기 쉽다. 조금이라도 더 빨리 자금을 마련하기 위해 이자의 유혹에 넘어가는 것이다. 그러면 마침내 돈도 잃고 사람도 잃고 의욕마저 잃게 되는 일이 다

반사로 일어난다. 서서 받든 무릎을 꿇고 받든 받게 되면 다행이지만, 빌려준 돈이 온전히 돌아올 가능성은 낮은 편이다.

차마 피치 못할 상황이라면 나중에 받지 못하게 되더라도 큰 문제가 없는 정도의 돈을 빌려주는 것이 현명하다. 그리고 빌려가는 사람에게 "나중에 돈을 많이 벌어 주체할 수 없을 때 갚으면 된다"라고 얘기할 수 있으면 사람도 잃지 않고 자기 마음도 편하다.

이와 반대로 자금을 빌릴 때도 신중해야 한다. 원금과 이자를 갚아나가는 일은 생각보다 훨씬 힘들다. 채무에 시달려서는 사업에 집중하기 어렵다.

돈은 벌거나 아끼는 일도 중요하지만, 애써 모은 것을 잃어버리지 않는 일도 그 이상으로 중요하다.

정치, 이렇게 하면 초일류 된다

세상을 살아가는 지혜

그물망 속에서 함께 어울려 살아가기

인격적 모욕감은 복수심을 낳는다

직장 생활을 하다보면 일하는 방식이 서로 달라 스트레스를 받기도 한다. 특히 업무에 능숙한 선배와 여러 모로 미숙한 후배 사이에서 가끔 불협화음이 일어날 수 있다. 이때 윗사람의 입장에서 각별히 조심해야 하는 부분이 있다. 인격에 관련된 발언은 절대로 삼가야 한다는 점이다.

업무는 급한데 부하 직원의 일 처리가 서투르면 상사 입장에서 곧바로 지적하지 않을 수 없다. 그럴 때는 반드시 그 잘못한 부분에 대해서만 지적해야 한다. 어떤 경우에도 그 사람의 인격을 건드리는 말을 해서는 안 된다. 잘못한 일에 대해서는 야단을 친다고 해도 큰 반감을 갖지 않는다. 오히려 고마워하기도 한다. 상사가 서투른 자신을 위해 애쓰는 것으로 받아들여져서 미안하고 감사한 마음을 가질 수 있다.

아무리 지위가 낮거나 나이가 어린 사원도 인격적인 모욕을 당했다고 생각하면 업무에 대한 학습과 반성보다 반발심이 먼저 일어나게 마련이다. 감정을 가진 사람이기 때문이다. 마음속에 복수심이 싹틀 것이고, 경우에 따라서는 심한 거부반응을 나타내기도 한다. 그렇게 되면 심각한 상황으로 내몰릴 수도 있다.

상대방에게 불필요한 모욕을 주다가 생명과 재산과 기회를 잃은 예가 역사책 속에 많이 기록되어 있다.

부탁을 들어주지 못할 때는 예의를 갖추어라

사회는 눈에 보이지 않는 복잡한 관계망으로 얼기설기 짜여 돌아간다. 아무리 잘나도 혼자서는 살아갈 수 없다. 내가 아무리 뛰어난 제품을 만들어내도 홍보와 판매라는 그물망을 확보하지 못하면 쓸모가 없다.

회사 생활을 하다보면 부탁을 하거나 부탁을 받는 일이 자주 일어난다. 부탁을 하는 것은 자신의 요령과 능력에 따른 일이어서 결과에 대해 자신이 감당하면 된다. 그러나 부탁을 받는 것은 다르다. 규정에 어긋나지 않는 한 상대방의 요구를 들어주면 서로에게 좋은 일이 될 수 있다. 하지만 부탁을 들어주지 못할 때는 최대한 예의를 갖추는 신중함이 필요하다.

부탁을 받았지만 들어줄 수 없을 때는 상대가 납득할 만한 이유를 충분히 설명해야 한다. 이래저래 노력을 했는데 들어주지 못하게 되어서 미안하다며 양해를 구하는 것이 올바른 거절의 자세다. 입장을 바꾸어 생각해보면 쉽게 답이 나온다. 부탁하는 사람은 몇 번이고 생각을 했을 터이고, 용기를 내어 전화를 걸었거나 직접 찾아온 사람일 것이다. 그런 이에게 냉담하게 대하는 것은 예의가 아닐 뿐더러 악감정을 갖게 하는 잘못된 행동이다.

바쁘다는 이유로 답신 전화조차 하지 않는 사람이 있다. 거절보다 무관심한 태도에 더 서운한 감정을 느끼게 된다. 노력했는데도 안 되는 것이라면 누구를 원망하겠는가?

역지사지易地思之라는 말이 있다. 처지를 바꾸어서 생각하는 습관은 자신을 원만한 인격체로 만들어준다. 세상일은 알 수 없다. 내일 당장 그에게 고개를 수그리고 들어가야 하는 일이 생길지 모른다. 따뜻한 위로의 한마디로 용기를 준다면 그에게 참 고마운 사람으로 기억될 것이다.

덤덤한 사람이 잘 나서는 사람보다 낫다

사람을 판단할 때는 겉으로 드러나는 행동보다 속마음을 읽어내는 것이 더 중요하다. 특별한 감정의 동요 없이 그저 예사로워 보이는 사람이 알고 보면 오히려 진국인 경우가 많다.

덤덤한 사람은 내가 잘되든 못되든 크게 변화가 없다. 그러나 잘 보이려고 지나치게 애쓰는 사람은 상황이 바뀌면 완전히 달라지는 예를 경험으로 알게 된다. 얇은 냄비가 쉽게 달아오르고 금방 식는 것처럼 가볍게 행동하는 사람의 열정은 빨리 식을 수 있다. 조직이 필요로 하는 사람은 무쇠솥처럼 은근과 끈기를 갖춘 인물이다.

오류의 재발을 막는 반성과 성찰

너무 잘난 사람은 남의 장점을 보지 못한다

잘못된 일은 꼭 원인 분석을 하고 넘어가야 한다. 또다시 그런 일이 되풀이되지 않게 하기 위해서 그렇다.

잘못된 일은 이미 지나가버려서 돌이킬 수 없는데 시간과 에너지를 소모하며 원인 분석을 할 필요가 있느냐고 생각하는 사람도 있다. 그러나 회사 업무뿐만 아니라 일상생활 속에서도 그와 비슷한 일이 얼마든지 반복적으로 일어날 수 있다.

잘못한 일의 원인을 분석하는 것은 과거의 되새김질이 아니라 미래를 대비하는 일이다. 일처리 과정과 사고방식의 문제점을 근본적으로 파헤치지 않고 넘어가는 것은 커다란 싱크홀 위에 아스팔트만 덧씌우는 것과 같다. 마음 아프지만 잘못된 점을 낱낱이 짚어보고 다음에는 이를 피해 잘할 수 있는 방안을 연구해두어야 한다. 많은 성인들이 반성과 성찰을 삶의 소중한 덕목으로 가르치는 이유가 그것이다.

업무에 착수하기 전에 먼저 주위의 조언에 귀를 기울이는 것도

정치, 이렇게 하면 초일류 된다

사전에 오류를 방지하는 한 방법이다. 가급적 여러 방면의 사람들에게 자기가 벌일 새로운 일에 대해 상의하는 것이 좋다. 자기 편에게만 물어보면 돌아오는 답변은 뻔하기 때문에 큰 도움을 기대할수 없다. 호응을 얻어내고 칭찬이나 받자고 자문을 구하는 것이 아니다.

똑똑해 보이는 사람 중에는 주위의 조언이나 도움을 구하지 않아 쉽게 끝낼 수 있는 일을 어렵게 끌고 가는 이도 있다. 스스로 잘났다고 자만하는 사람은 남의 장점을 잘 보지 못하는 맹점이 있다. 혼자서 모든 일을 다 잘해내는 사람은 드물다. 등에 업힌 아기에게도 배울 것이 있다는 우리의 귀한 옛말을 곱씹어보라.

중요한 일에 대해 결정을 내려야 할 때

손익이나 효과 면에서 비슷한 결과가 예상되는 여러 방안들 중에서 선택해야 하는 상황이 있다. 그럴 때는 시간을 끌지 말고 어떤 방안이든 빨리 결정해서 실행하는 것이 좋다. 그 시간만큼 일을 빠르게 진행시킬 수가 있고, 실행하다가 문제가 생기면 그만큼 빠르게 대처할 수 있는 것이다.

이와는 달리 결과를 예측할 수 없는 방안들 중에서 선택해야 하는 상황이면 신중을 기하는 것이 현명하다. 혼자서 결정을 내리지 말고 전문가와 상의하는 것이 좋으며, 전문가가 없을 경우 관련자들과 의논해서 결정하는 것이 옳다. 시간적으로도 최소한 며칠 정도의 여유를 가져야 한다. 오늘, 내일, 모레, 시점에 따라 생각이 달라질 수 있기 때문에 차분한 상태에서 결정을 내려야 최선의 결과를 얻을 가능성이 높아진다. 또한 자신이 직접 확인한 사실을 바탕으로 최종 판단하도록 한다.

숫자 읽기는 비즈니스의 또 다른 능력

비즈니스의 세계에서 모든 과정과 결과는 숫자로 표시된다. 수입과 지출과 이익이 결국은 숫자로 나타나는 것이다. 따라서 이 숫자를 빨리 읽어내는 것이 일을 빠르고 정확하게 진행하는 하나의 기술이 될 수 있다.

단위가 큰 숫자를 신속히 읽거나 암산해내는 능력은 일의 능률과 정확도를 크게 높인다. 이는 회의에서 중역들의 눈에 띄어 높은 점수를 받을 수도 있다. 별것 아닌 듯하지만 그 효과는 의외로 크다. 내가 직접 경험한 일이다.

나는 정주영 회장님이 주재하는 중동 사업 관련 회의에 매주 참석했다. 큰 숫자를 더하고 빼고 곱하고 나누어야 하는 일이 많다보니 그 결과를 물어오는 일도 잦았다. 그러나 재빨리 대답하는 중역은 별로 없었다. 일찍이 수에 대한 개념을 익혀두었던 나는 곧장 숫자를 계산하여 알려드리고는 했다. 성공한 사람치고 성격 급하지 않은 사람 없다. 그럴 때 정 회장님은 빙긋이 웃으며 말했다.

"홍군은 숫자 개념이 참 빠르구먼."

다음은 익혀두면 쓸모가 많은 수 읽는 방법이다.

정치, 이렇게 하면 초일류 된다

• 한자어와 영어, 서로 다른 수 단위 읽기

한자어권에서 수를 나타내는 단위는 뒤에서부터 4자리씩 끊어 읽고, 영어권에서는 뒤에서부터 3자리씩 끊어 읽는다. 그때마다 읽는 단위가 바뀐다. 천 단위에 쉼표를 표기하는 것은 우리와 상관없이 영어권에 해당되는 방식이지만, 어쩔 수 없는 노릇이다.

• 한자어에서 숫자 읽는 단위

일一/壹	1	[0이 0개]
만萬	1 0000	[0이 4개]
억億	1 0000 0000	[0이 8개]
조兆	1 0000 0000 0000	[0이 12개]
경京	1 0000 0000 0000 0000	[0이 16개]

• 영어에서 숫자 읽는 단위

one	1	[0이 0개]
thousand	1 000	[0이 3개]
millon	1 000 000	[0이 6개]
billion	1 000 000 000	[0이 9개]
trillion	1 000 000 000 000	[0이 12개]
quadrillion	1 000 000 000 000 000	[0이 15개]

• 한자어 숫자 곱하기 계산의 예

10만×10만=100억 [만×만=억, 100억]

100만×20만=2000억 [만×만=억, 100×20=2000억]

10억×200만=2000조 [억×만=조, 10×200=2000조]

2억×60만=120조 [억×만=조, 2×60=120조]

● 한자어 숫자 나누기 계산의 예

100억÷10만=10만 [억÷만=만, 100÷10=10]

10조÷1000만=100만 [0이 13개-7개=6개]

50억÷100만=5000 [0이 9개-6개=3개, 5÷1=5]

8000만÷200=40만 [0이 7개-2개=5개, 8÷2=4]

780조÷50만=15.6억 [0이 13개-5개=8개, 78÷5=15.6]

300조÷6000만=0.5억→5000만 [0이 15개-7개=8개, 3÷6=0.5]

영어권의 숫자도 이와 같은 방법으로 계산할 수 있다.

한글이든 영어든 수를 읽는 고유 방식을 파악하고 있으면 금방 읽어낼 수 있다. 비즈니스의 세계에서 모든 결과는 숫자라는 통계로 나타나게 된다. 경제 경영에 뛰어난 사람은 대부분 수에 밝은 사람들이다.

3

경험보다 훌륭한
스승은 없다

모든 지식은 경험에서 나온다.

경험은 지혜로운 스승의 훌륭한 교육이다.

과거가 없는 현재는 없듯이 현재가 없는 미래는 없다.

꼭 들려주고 싶고 남기고 싶은 경험들이 있다.

먼 길을 걸어오면서 만난 풍경들을 스케치한다.

우리들의 밝은 내일을 위하여….

서산 간척 사업 방조제 물막이 공사

김 양식장 피해 때문에 공기를 앞당겨야 한다

서산 간척 사업은 일제강점기부터 계획되고 시도된 일이었다. 하지만 바다를 메워 육지로 만드는 일은 늘 만만치 않았다. 워낙 넓은 데다 간만의 차가 심한 지역이어서 시도할 때마다 번번이 실패하여 포기할 수밖에 없었다.

당시까지 간척 사업은 모두 정부가 주도했으나 이 사업은 민간이 맡아주기를 바랐다. 그때 선뜻 나선 이가 현대그룹 정주영 회장님이었다. 뜨거웠던 중동 건설 붐이 시들해져서 남아도는 장비와 인력을 활용하기에도 안성맞춤이었다.

정주영 회장님은 이 일을 필생의 사업이라고 여기며 처음부터 열정적으로 매달렸다. 1982년 B지구, 1984년 A지구 방조제 연결 공사에 착수할 즈음이었다. 정 회장님은 나에게 서산 간척 사업 현장 관리를 맡아서 성공적으로 끝맺게 해달라고 부탁했다. 나는 명령이 떨어지자 마자 곧바로 현장을 답사했다. 아직은 부임 전이었다. 현장을 다녀온 나는 정 회장님께 보고했다.

"현장 사무실 옆의 야산에 '국토 확대 사업의 일꾼'이라는 엄청나게 큰 간판을 설치하여 모든 직원과 근로자가 자부심을 갖고 열심히 일하도록 하겠습니다."

회장님은 무척 기뻐했다. 그러면서 인사부에다 나를 대리에서 과장으로 승진시키라고 지시했다. 입사 4년차, 의욕 넘치는 젊은 사원이던 나는 1982년 서산 간척 사업 현장에서 관리과장으로 근무하게 되었다. 부임 후 방조제 물막이 공사에 투입되었다. 회장님도 자주 헬기를 타고 와서 현장 점검을 하고 직원들을 격려했다.

그러던 중 공사 인허가 관계로 서산군청에 들렀다가 수산과장을 만났는데, 그는 공사 때문에 천수만의 김 양식장 피해에 대해 이야기했다. 흙물이 일어나는 공사를 빨리 끝나지 않으면 김밭의 피해액이 물막이 공사비보다 훨씬 큰 형편이었다. 그러면서 공사를 10월 중에 끝내는 것이 좋겠다고 말했다. 수산과장은 그 이유를 다음과 같이 설명했다.

"김이 생산되는 과정 중 첫 번째 단계는 물속에 잠긴 대나무 발위에 포자가 안착해 자라는 것이다. 포자 안착이 9월에서 10월 사이에 이루어진다. 공사를 하면 흙물이 바다에 흘러 대발 표면에 작은 흙 알갱이가 먼저 앉게 된다. 그런 뒤 흙 알갱이 위에 김 포자가 붙는다. 파도가 치면 김 포자가 흙 알갱이와 함께 떨어져나가 김이

자랄 수 없다. 빨리 물막이 공사가 끝나면 피해를 줄일 수 있다."

문제는 조수의 간만차가 가장 적은 2월에 방조제 물막이 공사를 해야 실패할 확률도 적고 공사비도 적게 든다는 것이었다. 그래서 이 서산 간척 물막이 공사는 2월에 예정되어 있었다. 당시 천수만의 유속이 매우 빨라 물막이 공사가 실패할 확률이 매우 높다고 기술자들이 모두 걱정하고 있었다.

지금 기억으로는 물막이 공사비가 50억 원이 좀 안 되는데 보상비는 그보다 훨씬 컸다. 물론 김 양식장 피해는 예상하지 못해 그에 대한 예산은 전혀 없었다. 이 문제를 기술자들에게 말하고 공사를 10월로 앞당기자고 하면 모두 반대할 것이 뻔했다.

물막이 공사를 앞당기려면 기존 설계에서 사용하기로 되어 있는 작은 편마암 덩이에다 추가로 큰 화강암 바윗돌을 확보해야 할 것 같았다. 10월 계획은 미리 밝히지 않고 확인해본 결과였다. 다행히 인근 태안 백화산에서 큰 바윗돌을 생산할 수 있을 것으로 확인되었다. 이 해결책을 가지고 정주영 회장님을 만나 말씀드렸다. 큰 바윗돌을 가져다 현장에 잔뜩 쌓아놓고 이것을 일시에 물속에 쏟아부으면 공기를 몇 달 앞당길 수 있겠다고 보고했다. 김 양식장 피해액이 공사비보다 더 크며, 어민들에게 피해를 주는 일이 일어나서는 안 된다고 설명했다.

그 며칠 뒤 정 회장님이 헬기를 타고 현장에 와서 회의를 주제하며 물막이 공사를 10월 안에 마치도록 지시했다. 모든 중역들이 그것은 무리라고 반대했다. 그러나 정 회장님은 10월 안에 방조제를 막을 수 있게 돌관공사 계획을 수립하라는 명령을 내리고 떠났다.

이후 그야말로 물막이 전쟁이 시작되었다. 며칠 동안 씻지 못하기 일쑤였다. 굴삭기 기사가 졸며 운전하다가 그대로 물속에 들어가는 일도 있었다. 그렇게 방조제 공사가 진행되고 물이 흐르는 개방 구간이 좁아지자 유속이 엄청 빨라졌다. 간만차가 적은 소조 때 방조제 끝자락에 돌을 부어 조금씩 앞으로 나아가고 간만차가 큰 대조 때는 돌망태로 보강해 무너지지 않게 해야 하는데, 거센 물살에 앞쪽이 몇십 미터 떠내려가서 공사는 난관에 봉착했다.

나라의 지도가 바뀌는 순간

나에게는 너무나 큰 시련이었다. 몇 달 일찍 막자고 정 회장님께 건의했으니 잠이 오지 않았다. 밤낮으로 방조제 앞에 가서 혼자 어떤 방법이 없을까 골몰했다. 그러던 중 드디어 하나의 아이디어가 떠올랐다. 방조제 끝부분을 약한 돌망태로 보강할 것이 아니라 큰 바윗돌에 크로라드릴로 구멍을 뚫어서 쇠 와이어로 10개 정도를 연결해 쌓으면 그 엄청난 무게로 거친 물에도 떠내려가지 않을 것으로 판단되었다.

기술자들에게 나의 아이디어를 설명하면서 한번 시도해보자 했다. 그러나 "관리쟁이가 기술자 하는 일에 간섭하느냐"며 전혀 움직이지 않았다. 그냥 두고 볼 일이 아니어서 하도급 회사 사장에게 나의 아이디어를 설명하고 작업을 시도하기로 했다. 크로라드릴로 바위에 구멍을 뚫고 영등포 철물상에서 사 온 폐와이어로 10~15개씩 연결해 방조제 끝을 보강했다. 그리고 기술자들에게 서쪽 구간의 방조제 보강은 돌목거리 방식으로 하겠다고 말했다. 그리고는 어느 쪽이 대조 때의 물살을 버텨내는지 보고 향후 공사 방법을 결정하자고 제안하여 동의를 받았다. 곧 간만의 차가 큰 대조가 오자 기술자들이 맡은 동쪽 방조제는 맥없이 수십 미터가 날아갔고, 돌목거리 방식으로 보강한 방조제는 단 1미터도 밀리지 않은 채 그대로 버티고 있었다.

그렇게 해서 나의 돌목거리 방식으로 성공적인 방조제 공사가 시작되었다. 드디어 10월 26일 새벽 2시 무렵에 물길이 막혔다. 이 사실을 정 회장님께 보고를 드려야 하는데 윗분들은 모두 마다하여 결국 내게 맡겨졌다. 이로써 나는 성공적인 작업의 보고를 정 회장님께 올리는 영광을 가지게 되었다. 이 공법은 토목학회지에 '돌목거리공법'이라고 이름 붙여졌다.

이후 그 유명한 정주영 회장님의 '유조선 공법'이 이어졌다. 토목계의 내로라하는 석학도 해내지 못한 방조제의 마지막 270미터 구간이었다. 그분은 해체해서 고철로 쓰려고 수입해 울산 앞바다에 대놓은 대형 유조선을 끌고 오라고 지시했다. 길이 332미터에 이르는 22만 6000톤급의 유조선이었다. 바닷물이 세차게 흐르는 둑과 둑 사이에 거대한 유조선을 대고 바닷물을 가득 채워 주저앉혔다. 그토록 거센 물살도 그 육중한 배를 밀어내지는 못했다. 마침내 둑과 둑 사이가 연결되었고, 이로써 서산 간척 사업 방조제 물막이 공사는 깔끔하게 마무리될 수 있었다.

여의도의 약 33배에 이르는 국토가 새로 만들어지면서 나라의 지도가 바뀌게 되는 순간이었다.

현대그룹 정주영 회장님에 관한
몇 가지 에피소드

"모스크바에서 대리석 건물을 본 일이 없는데…"

1980년대 초, 이명박 당시 현대건설 사장이 사업 기회를 찾고자 소련을 방문한 일이 있었다. 이 사장은 귀국 후 '중동회의'라는 중역 회의에서 정주영 회장님께 보고했다. 나는 비서로서 이 회의에 자주 참석해서 여러 이야기를 들을 수 있었다.

이 사장은 이번 방문에서 "러시아 측으로부터 아주 좋은 대리석 석산石山이 있으니 현대가 그것을 개발해보는 것이 좋겠다"라는 제안을 받았다면서 "개발 연구를 해보겠다"고 답했다는 내용의 보고를 올렸다.

그러자 정 회장님은 이렇게 말했다.

"내가 모스크바를 방문했을 때 대리석으로 지은 이름 있는 건물을 본 일이 없습니다. 만약 러시아에 좋은 대리석 석산이 있었으면 왜 그렇겠습니까? 반면에 로마에는 대리석 건물이 많아요. 여기 있는 여러분들 가운데 모스크바에서 큰 대리석 건물을 본 사람이 있나요?"

선뜻 대답하는 사람이 없었다.

"이 사장, 소련에서는 석유나 가스 같은 것에 관심을 갖는 것이 좋겠어요."

자기 눈으로 본 것 같은 확실한 사실을 바탕으로 판단하고 실행하는 것이 정주영 회장님의 일하는 방식이었다. 착오와 실패의 확률을 줄이는 좋은 방법이다.

"보일러를 세워서 놓지 왜 눕혔나?"

1980년대 초, 경기도 이천 현대전자 건설 현장을 정주영 회장님 비서로 수행하면서 겪었던 일이다. 현장을 둘러보다가 보일러실에 들렀다. 정 회장님은 보일러를 가리키면서 현장소장에게 말했다.

"보일러를 세워서 설치하지 왜 눕혀서 설치했나? 세워놓으면 땅을 훨씬 적게 차지해 아낄 수 있을 텐데."

기발한 발상에 현장소장은 미처 그 생각을 못했다면서 다음부터는 꼭 땅을 적게 쓰는 방식으로 설계 시공하겠노하고 답했다.

나는 보일러를 세워서 시공하면 땅을 적게 사용할 수 있다는 정 회장님의 지적을 옆에서 듣고 깜짝 놀랐다. 막힘 없이 유연하게 생각하는 모습을 보고 많은 것을 배울 수 있었다.

정 회장님은 어느 공장의 건설 현장에 가서도 항상 말했다.

"땅 한 평을 아끼세요. 작은 땅이 모자라서 공장의 능률을 떨어트리는 일이 발생하니 주의하세요."

"방공포대 진지를 옮겨준다고 하세요"

정주영 회장님이 1978년 무렵 전국경제인연합회 회장으로 있으면서 여의도에 회관을 신축할 때의 일이다.

전경련 건물을 20층으로 설계하여 건축 허가 신청을 서울시에 냈는데 수도경비사령부에서 제동을 걸었다. 여의도를 보호할 대공사격 방어망 구축에 문제가 있기 때문에 10층 정도로 수정 설계하라는 회신을 받았던 것이다. 수도경비사령관의 권위가 대단한 때였다. 이에 전경련 상근 부회장은 몹시 걱정하면서 회장님께 무슨 다른 방법이 없을 것 같다고 보고했다. 그러자 정 회장님은 "여의도에 있는 대공포 진지를 모두 최신 시설로 새로 지어주고 사병들의 숙소도 잘 만들어줄 테니 진지를 옮겨 방공포화망 구성에 문제가 없는 지점으로 옮겨달라고 다시 제안하라"고 김립삼 부회장에게 지시했다.

김 부회장은 그런 내용을 담아 제안하자 수도경비사령관이 고맙다는 말과 함께 원안대로 20층 설계에 동의했다.

이 내용은 그 무렵 김립삼 부회장으로부터 직접 들은 이야기다. 김 부회장은 내게 이 이야기를 하면서 정주영 회장님의 창의적이고 과감한 발상에 깜짝 놀랐다고 했다.

'설렘의 경영 철학'이 동아방송을 타다

1980년경이었다. 동아방송에서 명사와의 대담 프로에 정주영 회장님을 초청했다. 현대건설 광화문 사옥 건너편 동아일보 건물에 있는 동아방송으로 회장님을 모시고 갔다.

대담이 시작되었다. 나는 스튜디오 바깥에서 조그만 스피커로 흘러나오는 소리로 대담 내용을 듣게 되었다. 동아방송의 프로그램 진행자는 방송국의 간부로, 성이 권씨였는데 이름은 잘 기억나지 않는다. 먼저 진행자가 정 회장님께 물었다.

권 진행자　정 회장님, 제주도는 한번 가보셨습니까?

정 회장　아직 가보지 못했습니다.

권 진행자　어떻게 제주도를 아직 안 가보셨나요?

정 회장　저는 돈 생기는 일이 아니면 위험한 비행기를 타지 않습니다.

권 진행자　아, 현대를 책임지는 정 회장님은 위험해서는 안 되는 군요.

정 회장　뭐, 그렇지요.

다시 이야기가 이어졌다.

권 진행자　정 회장님, 그동안 바쁘게 열심히 살아오셨는데 이젠 좀 쉬시지 왜 그렇게 바쁘게 사십니까?

정 회장	일이 너무 재미있어서 그렇습니다.
권 진행자	일이 그렇게 재미있습니까?
정 회장	예, 재미있습니다. 저는 하던 일을 끝내지 못하고 잠자리에 들면 내일 아침이 빨리 와서 일을 해야지 하는 생각에 설레는 마음으로 잠이 듭니다. 마치 초등학교 학생 때 원족을 떠나기 전날 밤에 내일 아침이 빨리 오기를 기다리는 설렘 같은 거죠.
권 진행자	대단하십니다. 정 회장님의 이런 모습이 오늘의 현대를 만들게 했군요.

대담이 끝나고 정 회장님을 모시고 광화문 지하도를 걸어가면서 말씀드렸다.

"회장님, 오늘 정말 대단한 말씀을 하셨습니다."

"내가 뭐라고 얘기했는데 그러냐?"

하고 회장님은 내게 되물었다. 내가 말했다.

"오늘 하신 말씀 중 '일하려는 생각에 내일 아침이 빨리 오기를 기다리면서 설레는 마음으로 잠자리에 든다'는 말씀은 회장님을 가장 잘 표현해주는, 회장님만이 할 수 있는 이야기 같습니다."

정 회장님은 빙긋이 웃으며 말했다.

"그렇게 대단한 표현이야?"

나는 그 말씀은 기회 있을 때마다 자주 하시면 좋겠다고 했다.

이후 정 회장님은 그런 표현을 가끔 사용하셨고, 그 '설렘의 경영철학'은 책으로 나오기도 했다.

영광원자력발전소 건설 현장에서

상벌제도가 사람을 좋은 쪽으로 이끈다

영광원자력발전소 건설 현장에서 있었던 일이다.

1983년 1월, 나는 현장의 관리과장으로 부임받아 전남 영광으로 달려갔다. 그곳에는 안전과장이 따로 없어 겸직을 해달라는 현장소장의 지시에 따라 안전 및 관리 업무를 맡게 되었다.

규모가 크든 작든 건설 현장에는 위험 요소들이 많이 있다. 당시만 해도 안전에 대한 인식이 미흡했다. 현장에서 보니 사무직원이나 현장 근로자 모두 안전 문제에 대해 심각히 고려하지 않는 것으로 파악되었다. 그런 분위기 속에서는 한 개인이 아무리 노력을 해도 실효를 거두기 어렵다.

공사부 직원들은 위험해 보이는 작업도 안전 조치를 제대로 하지 않고 진행하기 일쑤였다. 모두들 한시바삐 실적을 쌓고 결과물을 만들어내야만 했다. 오로지 '빨리빨리'만이 최선으로 통하던 폭풍 성장의 시대였다.

6000명이 일하는 건설 현장에는 각종 사고가 자주 발생했다. 나는 현장소장에게 안전에 대한 의식을 높이고 사고에 대해 책임을 묻는 상벌 제도를 도입하자고 건의했다. 그러나 현장소장은 부하 직원에게 불이익을 주는 것에 대해 주저했다. 크고 작은 사고는 그치지 않고 지속되었다.

연말이 되어 정주영 회장님께 현장 업무를 보고하는 자리가 마련되었다. 나는 현장소장과 함께 그 자리에 참석했다. 정 회장님은 영광 건설 현장에 사고가 많이 일어난다고 들었다면서 앞으로는 중대 사고가 발생하지 않도록 각별히 주의를 기울이라고 엄중하게 당부했다.

이후 현장소장은 내가 이전에 건의했던 안전 사고 방지를 위한 상벌 제도를 실시하라고 했다. 나는 계획해두었던 대로 곧장 실행에 옮겼다.

상벌 제도를 실시하기 전에는 사무직원이나 현장 근로자들이 안전에 대해 아무리 강조해도 귀담아듣지 않았다. 그러나 상벌 제도가 실시되자 분위기는 완전히 달라졌다. 모두 열심히 안전 조치에 관심을 기울이고 스스로 실천해나갔다. 여러 차례 중대 사고가 일어났던 현장이 2년 동안 1건의 사망 사고도 없었다.

자신의 이익을 위해서라면 타인의 피해는 방관할 수 있는 것이 인간의 일면이다. 그러나 자신의 이익을 위해 안전 조치를 취할 수밖에 없도록 제도를 만들어놓으면 그에 따라 열심히 노력하는 것이 인간이기도 하다.

가족과 사회에 당당하고 싶은 사람들

영광원자력발전소 건설 현장에는 유독 화재가 자주 발생했다. 불을 끄는 데 적극적으로 참여하는 근로자가 없어 화재 진압에 어려움이 많았다. 회장님의 엄한 경고가 있은 터라 현장소장의 걱정이 컸다. 나는 화재 진압에 적극 참여한 이에게 큰 상을 주면 해결할 수 있을 거라고 재차 제안했고, 현장소장이 승인하여 곧장 실행에 옮겼다.

불을 끄는 데 도움을 준 근로자를 찾아 우리나라에서 가장 큰 상장과 가장 큰 괘종시계와 한 달치 월급에 해당하는 상금을 부상으로 수여하겠다고 발표했다. 시상식은 본사 및 협력 업체 전 직원이 모이는 월례 조회 때 갖기로 했다. 이로써 영광원자력발전소 건설 현장의 난제였던 화재 진압 문제가 일거에 해결되었다.

위험을 무릅쓰고 건설 현장에 나온 사람들은 한 개인의 안녕만을 위해 일하지는 않는다. 가족의 행복을 위하고, 자녀들에게 당당한 모습을 보이면서 자기 자신도 사회에 기여하고 있음을 떳떳이 확인 받고 싶어 한다. 그런 판단하에 장식 효과가 높은 우리나라에서 가장 큰 상장과 가장 큰 괘종시계를 택했던 것이다. 괘종시계는 수상자가 직접 들고 갈 수가 없어서 따로 픽업 트럭에 실어 보내야 할 정도였다.

첫 시상식 이후에 현장의 근로자들 사이에서 난리가 났다. 화재가 발생하면 서로 먼저 불을 꺼서 상을 받겠다고 나섰던 것이다. 너도나도 가족에게 당당한 모습을, 자녀들에게 자랑스러운 아버지임을 증명해 보이고 싶어 했다. 이제는 불이 나면 너무 많은 근로자들이 나서서 자칫 다치지나 않을까 말리는 데 오히려 힘이 들 정도였다.

증권사의 일임매매 문제 해결

숲 밖으로 나오면 나무가 보인다

한때 증권사에서 일임매매一任賣買가 심각한 문제로 떠오른 적이 있었다. 일임매매는 고객과 합의하여 증권사 직원이 임의로 매매하면서 고객의 주식을 관리하는 것을 말한다. 이로써 많은 사고가 발생했던 것이다.

1987년, 현대건설 감사실장으로 일하던 때였다. 정주영 회장님이 나를 부르더니 현대증권의 일임매매 문제에 대한 해결 방안을 마련하라는 지시를 내렸다. 나는 일주일 동안 현대증권의 지점 및 본사를 방문하여 사태를 파악했다.

상황은 심각했다. 일임매매에 따른 부작용으로 대부분의 지점장들이 골머리를 앓고 있었다. 고객들에게 배상을 해주느라고 집까지 처분한 이가 한둘이 아니었다.

문제의 근본적 원인은 증권사가 고객들에게 증권계좌의 현금이나 보유 주식 현황을 공식적인 문서로 송부하지 않는다는 데 있었다. 일임매매를 부탁한 일부 고객은 주식이 올라 이득을 보면 가만히 있다가 주식이 내려 손해를 보면 책임을 증권사에 돌리는 식이었다. 직원이 임의로 매매했다고 항의를 해서 분쟁이 일어났던 것이다. 직원은 거래를 많이 성사시켜야 실적이 쌓이니 일임매매를 부추기게 되는 제도였다. 지점장들에게 어떤 방안이 없느냐고 물었으나 달리 뾰족한 해결책이 없다는 답변만 돌아왔다.

"일임매매에 대한 해결책이 있다면 왜 사용하지 않았겠느냐? 내 집이 다 날아갔는데….”

증권사 중역에게 물어도 별다른 방안이 없다고 했다.

정주영 회장님이 종합기획실장이나 현대증권 사장에게 지시하지 않고 현대건설 감사실장인 나에게 해결 방안을 찾아내서 보고하라고 한 것은 나름의 뜻이 있었다. 아마도 문제에 빠져 있는 사람보다 전혀 상관없는 사람이 핵심을 더 잘 들여다볼 수 있을 거라고 판단한 것 같았다. 해당 분야의 전문가가 아닌데도 좀 엉뚱한 아이디어로 여러 난제를 곧잘 처리하던 때였다. 그분 자신이 그랬기 때문인지 모른다. 잘 알려진 일화지만, 조선소의 그림자조차도 없는 당시 우리나라 형편에서 외국의 대형 선박 건조 사업 수주를 받아낸 분이니까.

정 회장님의 기대를 저버릴 수 없었던 나는 일주일 밤낮을 고심하다가 마침내 아이디어 하나를 떠올렸다.

일임매매는 고객이 증권사 직원과 묵시적인 동의하에서 이루어졌다. 하지만 주가가 떨어져서 손해를 보면 자신의 승인 없이 거래했다고 증권사에 책임을 떠넘기기 때문에 발생하는 문제였다. 고객이 거래 사실을 몰랐다고 주장을 할 수 없도록 주식 거래 현황을 매일 문서로 통보하면 될 일이었다.

다음날 증권사 지점장을 찾아가 해결 방안으로 설명했다. 그도 동의했다. 그러나 주식 거래 현황을 매일 통보하는 것은 물리적으로 어려우니 한 달에 한 번 전산실에서 프린트하여 고객들에게 우편으로 보내자고 결론지었다. 현대증권 사장으로부터도 그렇게 하는 것이 좋겠다는 확인을 받았다.

일임매매의 문제 해결 방안을 정리하여 정주영 회장님께 보고하자 매우 흡족해했다.

"홍 부장 덕분에 우리 증권사 직원들의 집이 날아가는 일은 없게 되었어."

모든 증권사의 골칫거리였던 일임매매 문제는 그렇게 해결되었다. 이 방안을 현대증권이 먼저 시행하자 다른 증권사들도 곧장 뒤따랐다. 지금이야 컴퓨터와 스마트폰을 통해 언제 어디서나 시시각각으로 정보를 공유하지만, 팩스도 흔치 않고 그저 우편물이 대세이기만 하던 시절이었다.

문제의 한복판에 빠져 있으면 해답이 잘 보이지 않는 수가 있다. 그럴 때면 한 발짝 물러서서 생각하면 해결책을 쉽게 찾을 수도 있다. 숲속에서는 보이지 않던 하나하나의 나무가 숲 밖으로 나오면 볼 수 있는 것과 비슷한 이치다.

아파트 고객서비스센터 창설 품의

신축 아파트에서 고객 감동이 시작되다

아파트 같은 주택 건설 부문의 고객서비스센터를 별도로 창설할 것을 품의해서 직접 중역을 맡아 고객들의 불만을 해결하게 된 것도 기억에 남는 일 중의 하나다.

1993년, 현대건설 본사 국내공사관리부의 중역으로 부임하게 되었다. 가서 보니 아파트 분양 고객들로부터 하자 수리에 대한 원성이 큰 골칫거리였다. 하자 수리를 요구해도 제대로 처리해주지 않는다는 항의 전화가 수시로 걸려왔다. 그 불만의 목소리가 심각할 정도로 컸으나 오랜 기간 그냥저냥 적당히 넘어간 것 같았다.

고객들이 살고 있는 아파트의 하자를 신고하고 수리를 받으려면 다음과 같은 복잡한 과정을 거쳐야 했다.

정치, 이렇게 하면 초일류 된다

① 현대건설 본사에 전화를 한다. ② 교환원은 건축부와 주택사업부로 연결해준다. ③ 그 부서는 전임 현장소장의 전화번호를 알려준다. ④ 전임소장은 그 당시 하청 업체의 전화번호를 알려준다. ⑤ 하청 업체는 자기 책임이 아니라고 회피하거나 수리해주겠다고 대답해도 언제 나와서 처리해줄지를 알 수가 없다. ⑥ 하자 수리 출장을 나와서는 대충 처리해서 재차 문제가 발생한다.

신축 아파트의 AS(애프터서비스) 문제 때문에 회사의 신용이 땅에 떨어져 있었다. 근본적인 해결책이 없을까 고심하다가 방안 하나를 생각해내고 사장에게 품의하여 승인을 받았다.

"자네가 만들자고 한 부서니까 관리직이지만 먼저 맡아서 성공시키고 나서 기술직 쪽에 넘겨주도록 하라."

그렇게 해서 주택 건설 부문의 고객서비스센터가 창설되었고 관리직인 내가 담당하게 되었다.

해결 방안은 하자 보수 기본 시스템을 가진 회사의 AS처럼 만드는 것이었다. 먼저 하자 신고 창구를 일원화했다. 그리고 수리 부서를 시공 부서에서 독립시켰다. 시공 부서에서 책임을 면하기 위해 하자 사실을 숨기지 못하도록 시스템을 바꾸었다. 개별적인 하자는 본사 AS 요원이 직접 방문해 수리하고, 사후에 고객에게 항의한 항목의 만족 여부를 전화로 확인하게 했다.

AS 요원에게는 간식을 회사가 별도로 마련해주어 해당 세대로부터 음식을 제공받지 못하게 하여 민폐를 방지했다. 또 양말을 두 켤레 이상씩 갖고 다니게 해서 집 안으로 들어갈 때는 꼭 갈아 신어

주부들에게 불쾌감을 주지 않도록 하는 규정도 집어넣었다.

이렇게 해서 주택 건설 부문의 고객서비스센터라는 새로운 부서가 처음으로 가동되었다. 이를 신문과 TV에 광고했다. 여러 언론 매체에도 적극적으로 홍보했다.

고객들의 호응은 정말 엄청났다. 현대건설에 갑자기 무슨 일이 일어났느냐고 놀라는 반응이었다. 고객들의 하자 접수가 친절하고 체계적으로 이루어지고 수리마저 깔끔하게 처리되자 회사의 평판이 눈에 띄게 향상되었다. 그뿐만이 아니었다. 비효율적으로 부실하게 관리되던 하자 예산이 그렇게 체계를 갖추니 비용도 50% 이상 절감되었다.

현대건설의 고객서비스센터가 성공을 거두자 다른 건설 회사들도 앞다투듯이 따라나섰다. 신축 아파트의 고객 감동은 그렇게 시작되었다.

개성공업지구관리위원회 위원장 자리

"북조선 땅에 남조선 식민지를 만들려 왔나?"

2000년 무렵, 현대아산 개성공단 사업관리본부장으로 재직하면서 북한의 개성공업지구특별법 시안을 현대아산에서 만들어 북측에 제안할 때의 일이다. 북한의 '개성공업지구법'은 현대아산에서 작성한 것을 거의 그대로 받아들여 법으로 제정되었다.

현대아산 내에서 개성공업지구관리위원회의 위원장을 남측 사람으로 제안할 것인가 북측 사람으로 제안할 것인가를 두고 격론이 벌어졌다. 애초의 시안에는 위원장을 북측 사람이 맡는 것으로 되어 있었다. 이에 내가 위원장을 남측 사람이 맡아야 한다고 강력히 이의를 제기하여 논쟁이 벌어지게 되었다.

그렇게 주장한 이유는 처음에 위원장 자리를 북측 사람이 맡게 되면 시장경제를 잘 모르는 이가 의사결정을 하게 될 것이므로 공단 시스템이 제대로 돌아갈 수 없을 것이라는 데 있었다. 우선 다른 책임자 자리를 북측 사람이 맡는 것으로 설득하고, 나중에 시장경제와 행정에 대해 터득한 다음에 위원장 자리를 북측에 넘겨주는 것이 순리라고 주장했다.

하지만 여러 임직원들은 그런 제안서를 들고 가면 북측 사람들을 화나게 해서 앞으로의 일을 더 어렵게 할 거라며 반대했다. 받아들여지지 않을 제안서를 가지고 괜히 북측을 자극할 필요가 없지 않느냐면서 쉽게 물러서지 않았다.

개성공업지구특별법을 두고 먼저 현대아산의 임직원들을 설득하는 것이 우선이었다. 나는 북측 인사가 위원장을 맡게 하면 당장은 합의에 용이겠지만, 앞으로 공단 운영이 어려워질 것이라고 설명했다. 그렇게 되면 입주 기업이 안 들어올 수 있으니 향후 더 큰 문제에 봉착할 수 있을 것이라고 덧붙였다.

일단 위원장을 남측 사람으로 임명한다는 시안을 만들어 가고, 북측에 대한 설득은 내가 맡는 것으로 결론이 났다. 설득도 해보지 않고 위험이 내다보이는 양보를 해서는 안 된다는 나의 생각이 관철되었다.

금강산 관광 지구 내에 있는 현대아산 측 사무실에서 남북 관계자들이 모여 첫 회의가 열렸다. 아니나 다를까 우리의 시안을 보고 북측 인사들이 잔뜩 화난 표정으로 따졌다.

"아니, 당신들은 우리 북조선 땅에 남조선 식민지를 만들려고 올라왔습니까? 개성공업지구관리위원회 위원장을 남측 사람이 맡는다고 여기 적혀 있는데 우리를 어떻게 보고 이런 제안을 들고 왔습니까?"

예상한 바였으나 갑자기 분위기가 싸늘해지면서 회의장에 살벌한 정적이 흘렀다. 내가 설득하겠다 장담했으니 어쩔 수 없이 나서서 발언했다.

"사실 지금 하신 말씀이 북측 입장에서 보면 맞습니다. 그러나 이렇게 제안한 것은 결국 이 일에 관계하신 북측의 여러분을 위함입니다. 남쪽의 기업하는 사람들은 공무원들 간섭조차 아주 싫어합니다. 그런데 자본주의 시장경제에 대해서 잘 모르는 북측 인사가 위원장을 맡고 있다면 아무도 개성공단에 자기 돈을 투자하려 들지 않을 것입니다. 남측 기업인들은 정부의 말조차 잘 듣지 않습니다. 만일 손해가 나면 자기 돈이 없어질 뿐 정부에서 대신 물어주지 않기 때문입니다."

북측 관계자들은 귀를 기울이는 것 같았다. 그도 그럴 것이 실무 담당자로서 실적을 보여야 했던 것이다. 나는 공단 관리 위원장을 남측이 맡아야 하는 이유에 대한 설명을 이어나갔다.

"김정일 위원장께서 군부를 설득하여 부대까지 이동시키면서 만든 공단에 아무도 입주하지 않거나 몇몇 정도만 들어온다면 여러분은 아마 문책당할 것입니다. 물론 우리 현대아산도 큰 손해를 보게 되고 우리도 해고될 것입니다. 우선은 위원장 외의 책임자 자리를 북측 사람들이 맡고, 몇 년쯤 지난 다음 북측 인사가 시장경제와 남측 기업인들을 이해하게 되면 그때 위원장 자리를 북측에 넘길 것입니다. 위원장 자리를 맡고 싶어 하는 남쪽 사람은 거의 없습니다.

월급을 특별히 많이 주지도 않을 텐데 누가 가족과 멀리 떨어진 곳에서 근무하려고 하겠습니까?”

나의 설명을 듣고 난 북측 책임자가 평양에 보고한 뒤 결과를 알려주겠다는 것으로 회의가 마무리되었다.

그로부터 며칠 뒤 평양에서 승인이 떨어졌다고 알려왔다. 내가 말한 대로 위원장 외의 책임자 자리는 북측이 많이 맡고, 적당한 시기에 위원장 자리를 북측에 넘겨줄 것을 요구했다. 우리는 꼭 그렇게 하겠다고 약속했다.

그렇게 관리 위원장은 남측 사람이 맡는 것으로 개성공단의 역사는 시작되었고, 중단 전까지 이어졌다.

사원 조합 아파트 부조합장의 호소

"저는 이 명단에서 어느 누구를 뺄 수 없습니다"

1987년 무렵, 현대건설 차장 시절이었다. 압구정동 현대 사원 조합 아파트 부조합장을 맡게 되었을 때, 인근 주민들의 요구가 대책 없이 밀려들었다. 마침내 주민과 조합 간에 만남의 자리가 마련되었고, 그 회합에서 나는 150여 명을 상대해야 했다.

현대그룹 직원으로서는 가슴 설레는 사원 조합 아파트 공사가 시작되었다. 그러나 이내 인접한 현대아파트 주민들의 항의에 맞딱뜨려야 했다. 자기네 아파트 앞에 우리 조합 아파트가 들어서면 앞을 가려 조망이 나빠진다는 항의성 민원이었다. 그러니 두 개 층을 낮추어 20~30가구를 없애라고 요구했다.

"주민들이 현장에 몰려와서 공사를 못하게 합니다."

조합장이 다급한 목소리로 내게 전화를 걸어왔다. 그러면서 며칠 뒤 저녁 나절에 아파트 관리사무소에서 주민 모임을 열게 되니 조합 측이 나와서 답변을 하라고 요구한다는 것이었다. 조합장은 부조합장인 내가 참석하여 말을 좀 잘해달라고 당부했다.

나는 압구정동 공사 현장으로 달려갔다. 주민들이 공사장 앞을 막고 건설 장비 안으로 들어가 작업이 중단된 상태였다. 사태가 녹록하지 않아 보였다. 어떻게 해야 하나? 무슨 말로 주민들을 설득할 수 있을까? 골몰하다가 한 가지 생각을 건져냈다.

'주민 모임에 나올 사람들이 대부분 여성들일 테니 모성애와 측은지심에 호소해보자.'

수십 가구를 축소하는 것은 사원 조합 아파트 사정상 어려운 일이라고 아무리 말해봐야 소용이 없을 것 같았다. 주민들의 마음에다 진심으로 다가가기로 작정했다. 그 아파트에 들어가서 살 사람들의 사정을 전하면 마음의 동요를 일으킬 수도 있겠다 싶었다. 그렇게 하기로 마음먹고 몇몇 조합원의 형편을 알아보았다. 그리고 압구정동 현대아파트 주민들의 교양과 자부심을 이야기하면서 자비를 베풀어주십사고 눈물로 호소하기로 했다.

회합 당일 저녁, 조합장과 현대산업개발 담당 중역 등 몇 사람과 함께 아파트 관리사무소에 갔다. 벌써 100여 명이 모여 있었는데 예상대로 대부분이 여성이었다. 웅성웅성 큰소리로 불만들을 토로하고 있었다. 조합 측에서 누가 나왔느냐면서 빨리 논의를 시작하자고 큰소리로 재촉했다.

간단한 인사말이 끝나고 조합장이 나를 소개하면서 부조합장이 조합 측을 대표하여 답변할 거라고 말했다. 나는 연단 앞으로 나가 정중하게 인사를 하고는 낮은 목소리로 이야기를 시작했다. 이쪽의 간절한 뜻을 전하는 데는 큰 목소리가 도움이 안 되기 때문이었다. 내 목소리가 잘 들리지 않으니 이내 조용해졌다.

내가 말한 요지는 다음과 같았다.

"우리나라를 이끌어가시는 존경하옵는 압구정동 주민 어르신 여러분, 저희 현대건설 현대산업개발 사원 조합 아파트 조합원은 언젠가는 압구정동 주민이 될 거라는 큰 기대를 갖고 그날이 빨리 오기를 기다리는, 여러분의 자식 같고 동생 같은 젊은이들입니다. 이 자리에서 저는 몇몇 저희 조합원의 사연을 말씀드리고자 합니다. 제가 잘 아는, 뜨거운 중동에서 일하고 있는 건축부의 한 과장 이야기입니다. 이 과장의 부인이 한 달 전에 자기 남편이자 애들의 아빠에게 이런 내용의 편지를 썼습니다. '보고 싶은 사랑하는 당신께. 여보, 당신이 한 달 뒤면 한국으로 돌아오기로 되어 있는데 미안하지만 1년만 더 떨어져 있어야 할 것 같아요. 우리 가족이 꿈에 그리던 압구정동 아파트를 마련하기 위해 어쩔 수 없어요. 그러고 나서 우리 압구정동에서 아이들을 키우며 오순도순 살아갑시다.' 그 과장은 압구정동 주민이 되기 위해 지금도 뜨거운 모래바람을 맞으며 비지땀을 흘리고 있습니다. 우리 부서의 한 과장은 해외 현장에서 들어온 지 6개월밖에 안 되는데 어린 아들과 부인과 이별하며 다시 중동으로 떠났습니다. 이 압구정동 아파트에 들어갈 납입금을 마련하기 위해 오늘도 모래바람 부는 사막 한가운데서 땀을 흘리고 있습니다. 자랑스러운 압구정동 주민이 되기 위해서 말입니다."

정말 이런 비슷한 사연은 많았다. 그런 사연들을 이야기하면서 나도 동화되어 울먹였다.

"존경하는 압구정동 주민 여러분, 저희는 앞으로 1, 2년 후에 이웃으로 하여 살기를 희망하는 여러분의 동생이고 자식 같은 젊은이들입니다. 호소합니다. 제발 저희를 도와주십시오. 저희의 이 열망이 이루어지도록 도와주십시오. 그리고 곧 좋은 이웃으로 만나고 싶습니다. 존경하는 압구정 주민 여러분, 저희 조합원 명단을 드리겠습니다. 여기서 누구누구를 빼서 이 아파트에 들어오지 말라고 지적해주십시오. 저는 이 명단에서 차마 어떤 사람의 이름을 뺄 수가 없습니다. 저마다 간절한 사연을 갖고 있는 사람들 중에서 누구를….."

나는 말을 잇지 못하고 잠시 서 있었다.

아무도 아파트 층을 낮추고 세대 수를 줄이라는 말을 꺼내지 않았다. 침묵이 흘렀다. 나는 이내 말을 끝맺었다.

"존경하는 주민 여러분, 정말 감사드립니다. 저희의 눈물 어린 호소를 들어주신 데 대하여 진심으로 감사드립니다."

모임은 곧 마무리되었다. 이의를 제기하는 사람은 없었다.

이틀 후 주민 대표가 그날 회합 때 뭔가 잘못된 것 같다면서 다시 주민 대표와 조합 측이 만나자고 제의했다. 그러면서 그때 그 부조합장이라는 사람은 나오지 말라는 것이었다.

시간이 흘러갔다. 그러면서 항의 사태는 잠잠해졌고, 조합 아파트는 한 채도 손실도 없이 전부 지어져서 조합원 모두 예정대로 입주했다.

폭력 선임에게 제대 회식은 없다

부대 내의 괴롭힘이 사라지게 된 사연

인사동의 한 식당 벽에는 마치 교실의 급훈처럼 몇 가지 금지 사항이 붙어 있다. 그중 하나가 '군대 이야기 하지 말자'이다. 군대 시절 이야기는 말하는 이는 신날지 몰라도 듣는 이는 지루하기 십상이다. 그러나 나로서는 참으로 뿌듯한 추억이 하나 있어 군대 이야기를 하지 않을 수 없다.

1975년 무렵, 나는 경기도 안성에 있는 육군 제529중대에서 사병으로 군 복무에 임하고 있었다. 지금과는 달리 당시에는 군대 내에 사병 간의 폭력이 대수롭지 않게 일어났다. 일찍 입대해서 군 생활을 먼저 하고 있다는 이유 하나만으로 자기보다 나중에 입대한 후배들에게 정신적·육체적 폭력을 가하는 아주 잘못된 관행이었다. 크고 작은 괴롭힘이 공공연하게 자행되는 게 당시의 군대 내 풍속이었던 것이다.

먼저 입대해서 군 생활에 익숙한 선임이라면 고향과 가족의 품을 떠나 아직 군 생활에 적응하지 못해 불안하고 얼떨떨한 상태에 있는 후임 사병들을 따뜻이 대해주면 얼마나 좋을까? 선임이 후임에게 군 생활의 이모저모를 친절히 안내해주는 것이 마땅한 일일 텐데 말이다. 그런데 오히려 계급의 우위를 내세워 후임 병사를 놀리거나 억압하고, 심지어는 신체적 폭력까지 일삼는 일이 흔했다. 그날그날 고참 병사의 기분에 따라 후임 병사들에게 가해지는 괴롭힘의 정도가 달라질 뿐이었다.

그런 일은 마치 하나의 관습처럼 이어지고 있었다. 그것이 잘못된 행태라는 사실을 인식하고 개선하려는 사람은 별로 없었다. 장교나 부사관들도 특별한 문제의식을 갖고 있지 않았다. '나도 신참 때 당했으니 너희들도 당해 봐.' 그런 식으로 대물림되는 폭력이 군인들의 정신 무장 상태를 단단히 하는 방편 중 하나인 것처럼 적당히 넘어가는 실정이었다.

나 역시 신참 시절에 고참이 일삼는 괴롭힘의 사슬에서 벗어날 수 없었다. 그 괴롭힘의 이유는 다양했다. 갖다붙이면 모두 이유가 되었다. 나의 경우는 목소리가 저음인 데다가 다소 굵은 편이어서 그런 것이 선임 사병에게는 몹시 거슬리게 들렸던 모양이었다. 또 나는 등을 곧게 펴고 걷는 걸음걸이 자세를 가졌는데, 그것도 고참의 눈에는 거만한 것으로 비쳤던 것 같다. 거기다가 서울에 있는 대학교의 법학과 학생이라는 것도 선임들에게는 눈꼴사나운 일로 여

정치, 이렇게 하면 초일류 된다

겨졌던 것으로 기억된다.

아무튼 그렇게 얻어맞으며 시작한 게 자대 생활이었다. 국방부 시계는 거꾸로 매달아도 돌아간다고 했던가? 온갖 괴롭힘을 당하며 지내는 동안에도 시간은 흘러서 어느덧 중대 내에서 중고참의 위치에 서게 되었다. 내가 거의 1년 반 동안 말단 사병으로서 주먹받이, 몽둥이받이 생활을 하면서 마음속에 담아왔던 것을 시행할 시기가 도래한 것이다. 고참 병장에게 말했다.

"병장님, 이제 제대하실 날도 몇 달 남지 않았는데 애들 때리는 건 그만하시죠. 그건 옳지 않은 일입니다. 병장님이 그런다고 누가 상이라도 줍니까?"

나는 내 위로 몇 명 남지 않은 고참들을 상대로 한 사람씩 그런 방법으로 설득해보려고 애썼다. 하지만 돌아오는 대답은 예상했던 대로 거칠었다.

"야, 홍 상병! 네가 간이 부었구나. 너도 인마, 애들 패는 맛도 좀 보고 그래. 군대라는 게 그런 거야. 괜히 잘난 척하며 나서다가는 다리 부러지니까 조심해!"

오랫동안 내려오던 잘못된 관행을 하루아침에 바꿀 수 있으리라는 것을 나도 기대하지 않았다. 나보다 선임인 병사들 중 다수가 내 충고를 거부했다. 나는 미리 생각해두었던 다음 계획을 실행에 옮기기로 했다.

어느 날 중대원 전체가 모인 자리에서 선언했다.

"앞으로 우리 중대 내에서는 어떤 이유든지 수하 병사에게 폭력을 가하는 일이 없어져야 합니다. 그동안에 있었던 일은 불문에 부치겠지만, 앞으로 선임이라 해서 후배 병사를 괴롭히는 행위를 계속한다면 제가 주동이 되어서 그런 선임이 전역할 때는 제대 회식을 해주지 않겠습니다. 분명히 실행할 겁니다."

그러고는 실제로 폭력 행위를 지속하는 선임 병사가 전역할 때 제대 회식을 열어주지 않았다. '제대 회식'이란 선임 병사의 전역을 기념해 후임 병사들이 열어주는 연회를 말한다. 전역을 하게 되었는데 부대에 남아 있는 후임 병사들이 환송 파티를 열어주지 않는다는 것은 본인에게 상당히 낯부끄러운 일이었다. 3년이라는 시간을 함께 지내다가 헤어지는 마당에 본척만척한다면 섭섭한 마음이 들 것이었다.

전역하는 선임 병사에게 제대 회식을 해주지 않는 일이 몇 번 반복되자 후임 병사를 괴롭히는 일이 차츰 줄어들기 시작했다. 그리고 내가 고참 축에 들었을 무렵부터는 우리 중대 내의 폭력이 사라지게 되었다. 당시로서는 대단히 획기적인 일이었다.

그때 나는 깨달았다. 어떤 사람이 지닌 잘못된 문제를 개선하기 위해서 단순히 '이것저것은 하지 마라'라고 이르는 것은 별로 효과가 없다는 것을 말이다. 지적과 명령보다는 그 사람의 이익과 직결되는 사안을 적용할 때 훨씬 효과가 크다. 자신이 잘못된 문제를 개선할 때 어떤 이로움을 얻을 수 있는지를 분명히 제시해야 하는 것이다.

사회에서 볼 때 제대 회식이 별것 아닌 것 같아도 군대 안에서는 그렇지 않다. 전역을 앞둔 사람에게 송별의 의미로 열리는 제대 회식은 마치 영예가 걸린 것처럼 상당히 중요한 의미를 갖는다. 그런

정치, 이렇게 하면 초일류 된다

데 폭력을 계속 휘두르다가는 그 제대 회식의 영예를 누리지 못하게 되면 본인으로서는 심각한 불명예가 아닐 수 없다.

마침내 나의 전역 날이 다가왔다. 나는 남아 있는 후임 병사들에게 말했다.

"1년 뒤에 여러분들을 찾아오겠다."

그러자 후임 병사들이 이구동성으로 말했다.

"그동안 전역 후에 부대를 찾아오겠다고 말한 사람 중에 실제로 그 약속을 지킨 사람은 한 번도 본 일이 없습니다."

그들은 내 말을 반신반의도 아니고 아예 불신했다. 당장의 생각으로는 그렇게 할 수 있을 것 같지만, 막상 제대해서 사회에 복귀하면 생각이 달라지리라고 예상했던 것이다. 하지만 나는 그로부터 꼭 1년 뒤에 내가 약속한 대로 아직 군 생활을 하고 있는 전우들을 찾아갔다.

그때 나는 확인할 수 있었다. 내가 근무했던 제529중대에서는 폭력이 없어졌던 것이다. 또 다른 중대에도 그 영향이 미치고 있었다.

한 역사학자는 역사의 원리를 '도전과 응전'으로 내세웠다. 그런데 어떻게 보면 사회의 원리는 '문제와 해결'이 아닐까 하는 생각이 든다. 과거도 그랬듯이 오늘의 우리 사회 역시 수많은 문제들에 둘러싸여 있고, 지금도 저마다 해법을 찾기 위해 온갖 노력을 다 기울이고 있다. 안타깝지만 갈등하고 충돌하는 자체가 그러한 노력에 따른 현상이 아닐까 한다.

어떤 분야든지 전문가가 되기 위해서는 많은 시간과 비용이 들게 마련이다. 그러나 사람이 하는 모든 일에는 원리와 원칙이 적용된다는 사실을 상기해야 한다. 이 원리와 원칙 몇 가지만 깨닫게 되면 시행착오를 겪지 않아도 되므로 시간과 비용을 크게 줄이게 된다. 또 그것으로 자신의 전문 분야뿐만 아니라 다른 분야에서도 큰 도움을 받을 수 있을 것이다.

살아가면서 누구나 만나게 될 여러 문제들의 해답을 풀어나가는 데 보탬이 될 만한 이야기들을 추려서 적어보았다. 아무쪼록 독자들에게 작으나마 도움이 되기를 바라는 마음이다.

정치, 이렇게 하면 초일류 된다

2021년 12월 23일 발행

지은이 | 홍사성

펴낸이 | 홍영철

펴낸곳 | 홍영사

주소 | 03150 서울시 종로구 우정국로 45-11, 4층 (동산빌딩)

전화 | (02)736-1218

이메일 | hongyocu@hanmail.net

등록번호 | 제300-2004-135호

인쇄 제본 | 평화당인쇄주식회사

ⓒ 홍사성, 2021

ISBN 978 89-92700-24-5   03300

값 15,000원

- 이 책은 저작권법의 보호를 받는 저작물이므로 무단 전재와 무단 복제를 금합니다.
  이 책 내용의 일부 또는 전부를 이용하려면 저작권자의 동의를 받아야 합니다.
- 잘못된 책은 구입처에서 바꾸어 드립니다.